Berufen zum Leben

Pater Jacques PHILIPPE

Berufen zum Leben

Deutsche Übersetzung von
Claudia Otte-Lindner

Parvis-Verlag
CH-1648 Hauteville / Schweiz

Französischer Originaltitel:
«Appelés à la vie»
Editions des Béatitudes, Burtin, F-41600 Nouan-le-Fuzelier

PARVIS-VERLAG
Route de l'Eglise 71
CH-1648 HAUTEVILLE / SCHWEIZ
Internet: www.parvis.ch E-mail: buchhandlung@parvis.ch
Tel. 0041 26 915 93 93 Fax 0041 26 915 93 99

Gedruckt in der Schweiz.

ISBN 978-2-88022-821-7

Für meine Familie

Für meine Schwestern und Brüder
von der Gemeinschaft der Seligpreisungen

Ich danke allen Menschen
für ihre Anmerkungen oder Ermutigungen,
die während des Schreibens dieses Buches
sehr wertvoll für mich waren.
Besonders nennen möchte ich:
Xavier Lacroix, Jean-Claude Sagne,
Sr. Déborah, Sr. Katharina von Siena,
Sr. Marie-Pia, Sr. Marie-Noël.

Einleitung

Wie führt man ein erfülltes Leben? Wie wird man glücklich? Wie wird man ganz Mensch, ganz Mann oder Frau? Diese Fragen haben sich die Menschen zu allen Zeiten gestellt. Doch für die heutige Welt gilt das ganz besonders. Für eine Welt, die nicht mehr viel Orientierung bieten kann, in der niemand mehr vorgefertigte Lösungen akzeptiert und in der jeder auf sich alleine gestellt zu sein scheint, um eine Antwort auf seine Fragen zu finden. Praktisch scheinen die meisten Zeitgenossen auf jede von außen auferlegte Norm allergisch zu reagieren. Sie versuchen, das Beste aus ihrem gegenwärtigen Leben zu machen und bauen sich ein Glück nach ihren eigenen Vorstellungen auf. Diese Vorstellungen ergeben sich aus der Erziehung, der Kultur und den Erfahrungen jedes Einzelnen. Sie werden auch stark geprägt durch die Kultur und die Botschaften der Medien, mag dies den Menschen bewusst sein oder nicht. Das Glück, das sie so zu errichten versuchen, ist zerbrechlich. Es hält in der Regel nicht der Prüfung durch Krankheiten, Misserfolge, Trennungen und all den verschiedenen Dramen stand, die jeder Mensch erlebt. Das Leben scheint nicht alle Versprechungen zu halten, die es in der Jugendzeit gemacht hat.

Ich glaube dennoch, dass das menschliche Leben ein wunderbares Abenteuer ist. Trotz der Last der Leiden und Enttäuschungen, die es manchmal mit sich bringt, kann man darin einen Weg zum Wachstum finden. Man kann in der Menschlichkeit, in der Freiheit, im inneren Frieden wachsen und die ganze Fähigkeit zur Liebe und zur Freude entfalten, die in einem angelegt ist.

Doch es gibt eine Bedingung dafür: Aufhören, das Leben meistern zu wollen. Nicht mehr selbst das Glück programmieren wollen, sondern zustimmen, uns von dem Leben leiten zu lassen. Das gilt bei glücklichen Ereignissen ebenso wie bei schwierigen Umständen. Wir tun dies, indem wir lernen, alle Anrufe, die Tag für Tag an uns gerichtet werden, zu erkennen und anzunehmen.

Ich habe gerade das Wort «Anruf» verwendet, das das Schlüsselwort dieses Buches sein wird. Dieser Begriff, der einfach und zugleich reich an Bedeutungen ist, scheint mir sowohl auf dem anthropologischen als auch auf dem spirituellen Gebiet absolut grundlegend zu sein. Der Mensch kann sich nicht nur dadurch verwirklichen, dass er die Vorhaben, die er ausarbeitet, in die Tat umsetzt. Es ist durchaus legitim und sogar notwendig, Pläne zu haben und seine Intelligenz und seine Energien zu mobilisieren, um diese Pläne zu realisieren. Doch das allein scheint mir nicht auszureichen und kann im Falle eines Misserfolges zu großen Enttäuschungen führen. Die Ausarbeitung und die Umsetzung von Projekten müssen unbedingt von einer anderen Haltung begleitet sein, die letztendlich entscheidender und fruchtbarer ist. Diese Haltung besteht darin, auf «Empfang» zu stellen, auf die Anrufe, die unaufdringlichen und geheimnisvollen Einladungen zu hören, die unser ganzes Leben lang ständig an uns gerichtet werden. Sie besteht darin, dem Zuhören und der inneren Bereitschaft den Vorrang zu geben vor dem Planen und Ausführen. Ich bin davon überzeugt, dass wir uns als Menschen nur in dem Maße voll und ganz verwirklichen können, indem wir die Anrufe, die das Leben Tag für Tag an uns richtet, wahrnehmen und indem wir unsere Einwilligung geben, auf sie zu antworten. Das können Anrufe bzw. Aufrufe sein, uns zu verändern, zu wachsen, reifer zu werden, unser Herz und unseren Horizont weiter zu machen, die Beschränkungen in unserem Herzen und in unserem Geist hinter uns zu lassen, um schließlich die Wirklichkeit in einem größeren Maße und mit mehr Vertrauen aufnehmen zu können.

Diese Anrufe ereilen uns durch Ereignisse, durch Menschen, die uns durch ihr Beispiel berühren, durch Sehnsüchte, die in unserem Herzen lebendig werden. Sie erreichen uns durch Bitten unseres Nächsten, durch den Kontakt mit der Heiligen Schrift und durch viele andere Mittel. Sie haben ihren tiefen Ursprung in Gott, der uns das Leben geschenkt hat, der nicht aufhört, über uns zu wachen, der voller Zärtlichkeit wünscht, uns auf den Wegen unseres Lebens zu führen, indem er (Gott), der ständig auf sehr diskrete Art und Weise und oft unauffällig, doch wirksam in das Leben jedes einzelnen seiner Kinder kommt. Diese Gegenwart und dieses Handeln Gottes bleiben zwar leider vielen verborgen, doch sie enthüllen sich denjenigen, die sich in eine Haltung des Zuhörens und der inneren Bereitschaft zu versetzen wissen.

Gott ist nicht ein Gott der Toten, sondern der Lebenden. Er hört nicht auf, uns auf viele verschiedene Arten anzusprechen, die geheimnisvoll und doch reell sind. Denn er will dem Leben jedes Einzelnen einen Wert, eine Schönheit und eine Fruchtbarkeit schenken, die alles übersteigen, was wir voraussehen und uns überhaupt vorstellen können, wie es der heilige Paulus andeutet:

«Er aber, der durch die Macht, die in uns wirkt, unendlich viel mehr tun kann, als wir erbitten oder uns ausdenken

können, er werde verherrlicht durch die Kirche und durch Christus Jesus in allen Generationen, für ewige Zeiten. Amen.» (Eph 3,20-21)

Es wäre schade, wenn wir uns um dieses Handeln Gottes bringen würden, indem wir uns in der zu engen und enttäuschenden Welt unserer ausschließlich persönlichen Vorhaben einschließen.

Hinter der Vielzahl der Anrufe, die das Leben an uns richtet, steht tatsächlich ein einmaliger Anruf Gottes. Dieser Anruf findet seine vollständigste und leuchtendste Form in dem Geheimnis, das Christus für uns Menschen darstellt. Indem der Mensch dieses Geheimnis wahrnimmt und darauf antwortet, findet er den idealen Weg zur Verwirklichung seines Menschseins. So entdeckt er auch das wahre Glück, ein Glück, das sich in der Herrlichkeit der kommenden Welt vollenden wird.

Das ist es, was der heilige Paulus im Brief an die Epheser bestätigt, wo er von der außergewöhnlichen Hoffnung spricht, die uns der Anruf Gottes in Christus eröffnet:

«Der Gott Jesu Christi, unseres Herrn, der Vater der Herrlichkeit, gebe euch den Geist der Weisheit und Offenbarung, damit ihr ihn erkennt. Er erleuchte die Augen eures Herzens, damit ihr versteht, zu welcher Hoffnung ihr durch ihn berufen seid, welchen Reichtum die Herrlichkeit seines Erbes den Heiligen schenkt und wie überragend groß seine Macht sich an uns, den Gläubigen, erweist durch das Wirken seiner Kraft und Stärke.» (Eph 1,17-19)

Auf den folgenden Seiten werden wir die Bedeutung und Fruchtbarkeit dieses Gedanken zeigen. Dann betrachten wir die bevorzugten Orte, an denen wir angesprochen werden:

die Ereignisse im Leben, das Wort Gottes (dem wir ein langes Kapitel widmen werden) und die Sehnsüchte, die der Geist in unserem Herzen weckt.

Wir werden uns auch ausführlicher mit der Tatsache beschäftigen, dass jeder Anruf Gottes ein Ruf zum Leben ist: Unsere ursprüngliche Berufung ist die Berufung zum Leben. Ein Anruf kann nur dann von Gott stammen, wenn er ein intensiveres und schöneres Leben zur Folge hat. Er stammt dann von Gott, wenn man mit mehr Vertrauen das menschliche Leben so annehmen kann, wie es ist, mit all dem, was es ausmacht: Körper, Seele, Gemüt, Verstand und Geist.

Ich beende diese Einführung mit einer Bemerkung in Bezug auf den Leser, den dieses Buch anspricht. Ich werde den Begriff des Anrufes oder des Rufes in einem christlichen Kontext und Sprachgebrauch betrachten, denn ich bin davon überzeugt, dass die Bibel, und ganz besonders das Evangelium, das am tiefsten gehende und überzeugendste Wort zum Sein des Menschen darstellt. Aber vieles, was zu sagen ist, gilt für jeden Menschen. Tatsächlich erweist sich der Begriff des Anrufes als dem Menschsein zu eigen seiend, sobald man dieses etwas tiefer schürfend betrachtet. Dazu abschließend einige Beispiele anhand der Begriffe *Verantwortung*, *Freiheit* und *Sehnsucht*.

Ein moralisch gesehen so wichtiges Konzept wie das der *Verantwortung* (auf etwas *antworten*) setzt wohl das Vorhandensein eines Anrufes, eines Anspruches, voraus. Für seine Handlungen Verantwortung zu übernehmen, bedeutet nicht nur, dem Anderen gegenüber für die Folgen geradezustehen. Damit bestätigt man auch, dass der Handlung ein Ansuchen (guter oder schlechter Art) vorausging, das an einen gerichtet wurde.

Ebenso wenig kann man dem Begriff der *Freiheit* eine wirkliche Gestalt geben, ohne in der einen oder anderen Art eine Form des Anrufes zu bestätigen. Wenn man nicht möchte, dass die *Freiheit* etwas rein Willkürliches und somit Bedeutungsloses sei, dann muss die Freiheit des Menschen, die Fähigkeit, eine Wahl zu treffen, wohl von etwas gewollt worden sein, das über ihr steht.

Eine so grundlegende Realität wie die *Sehnsucht* muss ihrem tiefsten Wesen nach als ein Anruf verstanden werden, will man sie nicht einzig und allein als ein Fabrikat der Seele verstehen, als ein Produkt der Alchimie der Triebe. Über die Vielfalt der manchmal widersprüchlichen Sehnsüchte, die im Herzen des Menschen wohnen, hinaus und tiefer liegt eine einzige Sehnsucht (Sehnsucht nach Fülle, nach Glück usw.). Will man die Sehnsucht ehren und als etwas Ernsthaftes in Betracht ziehen, als etwas ganz Menschliches — und nicht nur in Begriffen wie Bedürfnis oder Trieb betrachten —, dann muss man darin wohl den Hinweis auf einen Anruf sehen, der von weiter her kommt als der Mensch selbst.

Man kann sich die Menschheit nicht vorstellen, ohne den Anruf wahrzunehmen, immer mehr Mensch zu werden. Woher kommt dieser Anruf? Aus welchem anderen Raum entspringt er? Das ist die grundlegende Frage jedes Lebens. Ich stelle mich ganz klar in den Rahmen der christlichen Antwort. Doch ich glaube, dass diese Gedanken jeden Menschen guten Willens interessieren können.

1. Der Mensch ist seinem Wesen nach gerufen und berufen

«Was den Menschen ausmacht,
das ist seine Fähigkeit, den Anruf Gottes zu hören!»[1]

Die biblische und anthropologische Bedeutung des Begriffes des Anrufes

Gehen wir von einer sehr wichtigen Aussage von Johannes Paul II. aus. In der Reihe von Katechesen zur Ehe, die er am Anfang seines Pontifikates gehalten hat, erinnert er daran, dass der Mensch zwar von der Sünde gezeichnet sei, dass er jedoch viel tiefer gehend seinem Wesen nach ein Gerufener und Berufener sei.

> «Die Analyse der Worte, die Christus in der Bergpredigt gesprochen hat [...], bringt uns zu der Überzeugung, dass das menschliche Herz weniger wegen seiner Begierden von Christus angeklagt und verurteilt, als zunächst und vor allem gerufen wird. Hier zeigt sich eine klare Gegensätzlichkeit zwischen der Anthropologie des Evangeliums und einigen einflussreichen Vertretern der zeitgenössischen Hermeneutik des Menschen (die man die Meister des Zweifels nennt).»[2]

---

1 Jean-Claude Sagne, *Les sacrements et la vie spirituelle*, Médiaspaul, S. 57.
2 Katechese vom 9. Februar 1983.

Der Begriff des Gerufenseins oder des Anrufes ist ein grundlegender Begriff. Er steht im Herzen der biblischen Vision des Menschen und gibt klar die Trennungslinie vor zwischen einer Vision des Menschen, die dem Evangelium treu ist, und einer Vision, die dem Evangelium fremd oder entgegengesetzt wäre.

Stellen wir zunächst fest, dass dieses Thema eines Gottes, der sich dem Menschen offenbart und ihn zu einer Antwort einlädt, überall in der Schrift gegenwärtig ist, sowohl im Alten als auch im Neuen Testament. Denken wir an die zahlreichen Berichte über Berufungen im Alten Testament (Abraham, Moses, der kleine Samuel, Jesaias, Jeremias).[3]

Sie zählen zu den schönsten Texten der Bibel, denn man erkennt darin den so persönlichen Charakter der Beziehung zwischen dem Menschen und Gott. Darin erkennt man den Menschen mit seiner Schwachheit, seinem Zaudern, aber auch mit seiner Offenheit und seiner Fähigkeit, Ja zu sagen. Man entdeckt darin Gott in seiner höchsten Herrschaft ebenso, wie man ihn in seiner barmherzigen Zärtlichkeit gegenüber seinem Geschöpf entdeckt. Man sieht darin vor allem, was das Eingreifen Gottes Neues im Leben eines Menschen entspringen lassen kann. Man sieht die überraschenden und unvorhersehbaren Wege, die er in einem Leben eröffnen kann, die Fruchtbarkeit, die er gewähren kann.

Es gibt auch zahlreiche Personen im Neuen Testament, die sich dessen bewusst sind, dass sie den tiefen Sinn ihres Lebens einem Anruf Gottes durch Christus verdanken. Um nur den heiligen Paulus zu zitieren, kann man bei der Lektüre seiner Briefe feststellen, wie häufig das Thema vorkommt und wie grundlegend es ist. Er ist sich dessen bewusst, dass der ganze

3 (Gen 12,1-15; Ex 3,1-20; 1 Sam 3,1-20; Jes 6,1-13; Jer 1,1-10).

Wert seines persönlichen Lebens von dem Anruf stammt, der ihn auf dem Weg nach Damaskus blitzartig traf. Alle Gnade, alles Leben, alle Fruchtbarkeit, alle wahrhaftige, moralische Haltung entspringt der Antwort auf den Anruf Gottes. Der Begriff kehrt oft wieder unter seiner Feder - sei es, dass Paulus sich auf seine eigene Erfahrung beruft, sei es, dass er die Gemeinden, um die er sich kümmert, dazu ermahnt, dem Anruf Gottes treu zu sein, den sie von Gott durch Christus empfangen haben. Halten wir ein Zitat unter vielen fest:

> *«Paulus, durch Gottes Willen berufener Apostel Christi Jesu, und der Bruder Sosthenes an die Kirche Gottes, die in Korinth ist, an die Geheiligten in Christus Jesus, berufen als Heilige mit allen, die den Namen Jesu Christi, unseres Herrn, überall anrufen, bei ihnen und bei uns. Gnade sei mit euch und Friede von Gott, unserem Vater, und dem Herrn Jesus Christus.»* (1 Kor 1,1-3)

Man kann sagen, dass dieser Begriff des Anrufes gewissermaßen die Einheit der ganzen Schrift bewirkt. Über die verschiedenen Autoren, Zeitabschnitte, Schreibstile und Geisteshaltungen hinweg zeugen alle Bücher der Bibel von einer gleichen, grundlegenden geistigen Erfahrung: Gott tritt in einen Dialog mit dem Menschen. Er bietet ihm einen Lebensweg an und erwartet vom Menschen eine freie Antwort.

Vom anthropologischen Standpunkt aus ist die Tatsache, dass der Mensch gerufen ist, keine Randerscheinung. Sie ist nichts, was nur zuweilen einträte oder einigen bevorzugten Einzelpersonen vorbehalten wäre, denen eine besondere Berufung zuteil geworden wäre (wie man es leider öfter denken konnte). Sie ist nichts, was dem normalen Ablauf eines Lebens hinzugefügt würde, sozusagen wahlweise — als ob das menschliche Leben seine Beschaffenheit auch sehr gut ohne das Gerufensein erhalten könne. Vielmehr ist das Gerufensein eine strukturgebende, wesentliche Dimension unserer Identität als Mensch. Der Mensch kann nicht aus sich heraus ein erfülltes Leben führen, das nur auf der Umsetzung seiner physischen, intellektuellen, seelischen und affektiven Fähigkeiten beruht. Er kann sich als Mensch nur vollenden, wenn er auf die Anrufe antwortet, die Gott an ihn richtet. Gott tut dies auf eine zwar unaufdringliche und geheimnisvolle, aber doch reelle und beständige Art und Weise, ein Leben lang.

Die Mittel und Formen des Anrufes

Diese Anrufe Gottes sind keine unmittelbaren «Telefonanrufe». Sie bedienen sich verschiedener Mittel, auf die wir im Verlaufe des Buches genauer eingehen werden. Man kann die Heilige Schrift nennen (das Wort Gottes birgt eine mächtige Kraft in sich, die den Leser anspricht). Ebenso zählen dazu die Ereignisse des Lebens, die Ansprüche unserer Umgebung oder Vorgesetzten sowie die inneren Einsprechungen des Heiligen Geistes und der Sehnsüchte, die sich in unserem Herzen regen.[4]

Durch diese Mittel hört Gott niemals auf, uns dazu aufzurufen, uns dazu einzuladen, uns in diese oder jene Richtung zu bewegen. Gleichzeitig gibt er uns die Gnade und die Kraft, die dafür notwendig sind.

Der Anruf kann wichtige Entscheidungen unseres Lebens betreffen und zu einer Berufung im klassischen Sinne werden: Eine Berufung zum geweihten Leben, zur Ehe, zu einer bestimmten Mission in der Kirche oder in der Gesellschaft.

4 Man kann einen trinitarischen Aspekt aufzeigen, wenn man folgende drei Hauptachsen dieser Mittel betrachtet: Die Vorsehung des Vaters (in den Ereignissen), das Wort des Sohnes, die Eingebungen des Heiligen Geistes.

Doch oft beziehen sich die Anrufe, die Gott an uns richtet, auf kleine Dinge des Alltags: Die Einladung zur Vergebung, zu einem Akt des Vertrauens in einer schwierigen Situation, zu einer Hilfeleistung für jemandem, dem wir auf unserem Weg begegnen, zu einem Augenblick des Gebetes … Auch bei diesen kleinen Dingen ist es wichtig, diese Anrufe «aufzuspüren» und ihnen zuzustimmen. Denn wenn ihr Gegenstand auch oft geringfügig erscheint, so erlaubt der Weg, den sie uns bahnen, doch die Entfaltung eines außerordentlich reichen Lebens in Fülle, in viel größerem Maße, als wir es uns vorstellen können. In jeder Antwort auf einen Anruf Gottes, wie winzig dessen Gegenstand auch sei, liegt eine Zunahme an Leben, an Kraft. Eine Ermutigung, die uns zuteil wird, denn Gott schenkt sich demjenigen, der sich seinen Anrufen öffnet. Zudem führt er uns allmählich in eine wahre Freiheit, wie wir es jetzt zeigen werden.

Der Anruf, ein Weg zur Freiheit

Der heilige Paulus bekräftigt es in seinem Brief an die Galater: «*Ihr seid zur Freiheit berufen, Brüder.*» (Gal 5,13) Gott ruft uns in die Freiheit. Diese Freiheit wird uns nicht auf einmal und nicht ganz geschenkt, sondern man muss sie allmählich geduldig aufbauen. Tag für Tag muss man sie erwerben, und zwar genau dadurch, dass man treu auf die Anrufe antwortet, die Gott uns spüren lässt. Charakteristisch für diese Anrufe ist es, dass sie uns einen Raum der Freiheit eröffnen; dass sie es uns erlauben, den verschiedenen Weisen des Eingeschlossenseins zu entkommen, in denen wir oft gefangen sind. Diese Wahrheit wollen wir im Folgenden etwas veranschaulichen.

Ohne den Anruf Gottes würde der Mensch *in seiner Sünde eingeschlossen* bleiben.

Wie es der Schöpfungsbericht und der Sündenfall in den ersten Kapiteln der Genesis hervorheben, besteht die Sünde im Zurückweisen des Lebens als Kind Gottes und in der Isolierung, die daraus folgt. Aus Stolz lehnt es der Mensch ab, sein Leben und sein Glück in einer vertrauensvollen und liebenden Abhängigkeit aus den Händen des Vaters zu empfangen. Er gibt vor, selbst der Ursprung seines Lebens zu sein. Das hat zur Folge, dass viele Zweifel, viele Ängste, viel Unruhe entstehen, ebenso wie eine Steigerung der Begehrlichkeiten. Der Mensch als Sünder erwartet das Glück, nach dem er strebt, nicht mehr von Gott, sondern will es selbst verwirklichen. Deshalb hat er die Neigung dazu, sich gierig eine Vielzahl von Gütern anzueignen, von denen er glaubt, dass sie ihn glücklich machen könnten: Reichtum, Vergnügen, Anerkennung usw. Ich möchte keine tiefere und erschöpfende Analyse der Formen vornehmen, die die Sünde in unserem Leben annehmen kann. Ich möchte einfach aufzeigen, dass das Annehmen der Wirklichkeit des Anrufes Gottes für einige der grundlegenden Erscheinungsformen der Sünde — wie den Stolz, die Angst oder die Begierde — einen Weg zur Befreiung anbietet.

Die Öffnung gegenüber den Anrufen Gottes befreit vom *Stolz*: Sie lässt eine Haltung der Selbstgenügsamkeit, des Vorgebens, dass man selbst der einzige Herr seines Lebens wäre, übergehen in eine Haltung der Abhängigkeit, der Bereitschaft, sich einem anderen gegenüber zu öffnen, der Demut und der vertrauensvollen Unterwerfung. Sie hilft, aus den Fallen der *Begehrlichkeit* herauszukommen: Indem er den Menschen ruft, weckt Gott seine Sehnsucht und lenkt sie zu Gütern, die ihn glücklicher machen können als die Güter, die Gegenstand seiner unmittelbaren Begehrlichkeiten sind. Sie befreit ihn von seiner *Angst*. Denn indem er sich den Anrufen

Gottes öffnet, empfängt der Gläubige die Ermutigung und die Kraft, die es ihm erlauben, seine Ängste hinter sich zu lassen und aus dem engen Kreis der Schutzräume zu treten, in den er sich zu oft einschließen lässt.

Als die Pharisäer im Evangelium daran Anstoß nahmen, dass sie Jesus mit den Zöllnern und Sündern essen sahen, da antwortete Jesus ihnen: *«Nicht die Gesunden brauchen den Arzt, sondern die Kranken.»* (Lk 5,31) Dieser Satz drückt die unendliche Barmherzigkeit Gottes aus, der den Menschen nicht aufgrund seiner Verdienste beruft, sondern aus reiner Güte, und der nicht möchte, dass der Mensch ein Gefangener seiner Vergangenheit bleibt. Er möchte uns immer eine Zukunft anbieten, wie sehr wir auch vom Wege abgekommen sein mögen. Doch dieser Text hat auch die Zielsetzung, verständlich zu machen, dass der wirkungsvollste Weg, um aus seiner Sünde und seinem Elend herauszukommen, nicht die Selbstbeschuldigung oder das Selbstmitleid ist. Es ist die Öffnung gegenüber den Anrufen Gottes, die er ganz sicher noch heute an uns richtet, egal wie unsere Situation aussieht. Auch die Person, die am tiefsten ins Böse verstrickt ist, wird von Gott gerufen; so eröffnet sich ihr ein Weg zum Heil.

Ohne Anrufe würde der Mensch *in den Grenzen seiner Psyche eingeschlossen* bleiben, in seinen Vorstellungen, in seinen Trieben und in seinen Hirngespinsten. Ich möchte hier nicht die natürliche Funktionsweise der menschlichen Psyche abwerten, diese sehr komplexe Welt von Emotionen und Vorstellungen, die jeder in sich trägt und die ihre unentbehrliche Funktion hat, ihren Wert und ihre Fähigkeiten. Sie ist eine Art und Weise der Verbindung der Person mit sich selbst und der Welt um sie herum: Alles läuft über die Psyche. Aber man muss erkennen, dass das Leben der Psyche seine Grenzen hat und dass es das Risiko birgt, sich zu verschließen. Dies umso mehr, als es von einer tiefgehenden Tendenz gezeichnet ist, seine Identität zu behüten und deren Fortbestand zu sichern. Unser Zugang zur ganzen Wahrheit und zur Fülle der Wirklichkeit kann verhindert werden durch die Begrenzungen und manchmal durch die Funktionsstörung dieses Zusammenspiels von Emotionen und Vorstellungen. Zwischen der psychischen Vorstellung, die wir uns von der Wirklichkeit machen, und dem, was sie in ihrer Wahrheit und in ihrer hintergründigen Schönheit ist, kann eine bedeutende Verzerrung stattfinden. Es ist niemals die Wirklichkeit, die uns gefangen hält, sondern es sind unsere Vorstellungen. Ebenso entsprechen das Spiel und die Gewichtung unserer Emotionen nicht immer der Wahrheit der Dinge. Wirklichkeiten von größter Wichtigkeit können uns gefühlsmäßig gleichgültig lassen, wohingegen unwichtige Dinge manchmal einen unangemessenen emotionalen Widerhall hervorrufen.

Um noch einmal auf einen bereits erwähnten Punkt zurückzukommen, der einfach jeden Menschen angeht: Das Bild, das wir vom Glück haben, die psychische Vorstellung dessen, von dem wir glauben, dass es uns glücklich machen kann, hat oft nur einen fernen Bezug zu dem tatsächlichen Glück, das uns wirklich erfüllen kann. Genau darin besteht das Drama der Menschheit seit ihren Anfängen: Einem Bild vom Glück hinterher zu rennen, das eine kulturelle und psychische Ausgeburt ist, und niemals das wahre Glück zu finden. Der Mensch versucht zu sehr — heute mehr denn je —, sein Leben zu beherrschen und zu kontrollieren, seine eigenen Vorhaben zu verwirklichen, seinen (legitimen) Hunger nach Glück zu stillen. Dabei wird er sich nicht bewusst, dass er oft ein Gefangener bleibt. Er bleibt ein Gefangener der Begrenzungen dessen, was seine Psyche in der Lage ist, zu ersehnen und sich vorzustellen. Und das entspricht nicht immer dem, was ihn wirklich glücklich machen kann. Der Mensch läuft also immer Gefahr, bei seiner Art und Weise der Lebensführung in den Produkten seiner Psyche und in seinen Emotionen und Vorstellungen eingeschlossen zu bleiben. Diese haben ihren Anteil an der Wahrheit, den man berücksichtigen muss, aber sie sind begrenzt und manchmal trügerisch. Sie müssen sich ständig bekehren, um sich der Fülle der Wirklichkeit zu öffnen, die Gott uns anbietet. Diese ist umfassender und fruchtbarer als jedes Produkt der Psyche, wie es der heilige Paulus bekräftigt:

> *«Nein, wir verkündigen, wie es in der Schrift heißt, was kein Auge gesehen und kein Ohr gehört hat, was keinem Menschen in den Sinn gekommen ist: das Große, das Gott denen bereitet hat, die ihn lieben.»* (1 Kor 2,9)

Diese Öffnung zur wahren Wirklichkeit erfolgt nicht ohne Schmerzen und nicht ohne Entsagung noch ohne Ringen oder Todeskampf. Sie ist eine Arbeit, die immer wieder aufgenommen werden muss und hier auf Erden niemals vollendet sein wird. Doch sie erlaubt es, zu einem immer reicheren und erfüllteren Leben zu gelangen.

Öffnung auf die Zukunft

Wir wollen eine weitere Bemerkung hinzufügen: Die Antwort auf die Anrufe Gottes lässt einen fortschreiten, sie öffnet unvorhergesehene und immer neue Horizonte. Sie bietet uns ohne Unterlass eine Zukunft, ganz egal, wie unsere Vergangenheit und unsere gegenwärtige Situation aussehen. Dies ist ein unermessliches Geschenk, denn es gibt nichts Schlimmeres, als keine Zukunft zu haben. Die neueste Revolte der Jugendlichen in den Vororten in Frankreich (auch wenn sie sich in einer nicht akzeptablen Form geäußert hat), zeugt von der tiefen Verzweiflung, die aus dem Gefühl entspringt, dass die Gesellschaft ihnen keinerlei Zukunft bietet.

Dabei sollte man verstehen, dass die Zukunft, die die Anrufe Gottes uns bahnen, nicht immer eine Zukunft auf die lange Sicht ist. Es ist nicht unbedingt ein großes Scheinwerferlicht, das unser Leben erhellt und ihm eine umfassende Orientierung für die Zukunft ermöglicht. Oft ist es nur ein kleiner Schritt «gerade für heute»[5] (wie es Therese von Lisieux sagt), der uns angeboten wird, ein Schritt, der nur für den gegenwärtigen Tag verbindlich ist. Aber das reicht aus, um Tag für Tag zu leben und voranzugehen, um einen Sinn im Leben zu finden und um solange auszuharren, bis einem die Gnade einer weiterreichenden Perspektive zuteil wird. Ich gehe sogar noch weiter und sage: Es ist besser für uns, wenn wir die Zukunft nicht kennen und sie erst nach und nach entdecken, wenn sie zur Gegenwart wird. Wir glauben oft, dass die Beherrschung der Zukunft uns Sicherheit gäbe. Das Gegenteil ist der Fall: Man lebt sicherer und ruhiger, indem man Schritt für Schritt im Vertrauen auf Gott lebt und ihm seine Zukunft anheim stellt, ohne sie kennen oder beherrschen zu wollen.

Eine weitere, sehr wichtige Aussage ist Folgendes: Der Anruf macht uns auch in dem Sinne frei, dass er es uns erlaubt, jede Situation bejahend zu erleben. Auch wenn der Ablauf unseres Lebens gelegentlich schwierig zu erklären und manchmal sogar chaotisch scheinen mag, *so trägt doch jedes Ereignis, mit dem wir konfrontiert werden, einen gewissen Anruf Gottes in sich.*

5 Heilige Thérèse von Lisieux, Poésie n° 5.

Die glücklichen Ereignisse sind Einladungen zu Gnaden. Die unglücklichen Ereignisse sind Einladungen zum Glauben, zur Hoffnung, zu bestimmten Bekehrungen usw. Das Entdecken des eigentlichen Anrufes, den jedes Ereignis im Leben beinhaltet, ist das beste Mittel, um dieses Ereignis zu bejahen und anzunehmen. Unser Leben ist voller unvorhergesehener Umstände und Ereignisse. Was verleiht ihm dennoch eine übergeordnete, innere Einheit oder sozusagen einen roten Faden? Es ist die Bereitschaft, in allem einen Anruf Gottes zu sehen und darauf zu antworten. Im Folgenden werden wir noch ausführlicher auf diese Themen zurückkommen.

Jeder Anruf ist schöpferisch

Der erste Anruf, den Gott an uns richtet, der wie die Wurzel und das Fundament aller anderen ist, ist der Anruf zum Sein. Der heilige Paulus spricht in dem Brief an die Römer von *«dem Gott, der die Toten lebendig macht und das, was nicht ist, ins Dasein ruft»*. (Röm 4,17) Das ist ein Anruf, der uns vorausgeht, auf den wir in gewisser Weise bereits geantwortet haben, denn wir leben. Dieser Anruf ist ein ganz besonderer, denn er setzt keinen Ansprechpartner voraus, sondern er schafft ihn. Eine Antwort besteht bereits in unserem einfachen Dasein, doch wir sind eingeladen, diese Antwort unser ganzes Leben lang anzunehmen und umzusetzen. Dieser erste Anruf ruft uns aus dem Nichts ins Sein. Aber man kann sagen, dass dies auf jeden Anruf zutrifft, den Gott an uns richtet: In einem gewissen Sinn entreißt er uns dem Nichts, rettet uns und schenkt uns uns selbst. Der Anruf ruft uns immer aus dem Nichts, er lässt uns herauskommen aus dem Nichts, aus dem Un-Sinn oder aus dem Eingeschlossensein. Er lässt uns intensiver und wahrhaftiger leben.

Anruf und Gabe

Die Dynamik des Anrufes ist fruchtbar, und zwar aus folgendem Grund: Jeder Anruf ist auch eine Gabe. Wenn er von der Auserwählung des Volkes Israel spricht, sagt Paulus: *«Denn unwiderruflich sind Gnade und Berufung, die Gott gewährt.»* (Röm 11,29) Sehr zu Recht verbindet er so diese beiden Begriffe. Wenn Gott uns darum ersucht, uns in diese oder jene Richtung in Bewegung zu setzen, dann gibt er auch die dazu notwendige Kraft und Gnade. Sich einem Anruf zu öffnen, heißt immer einen Zuwachs an Gnade zu empfangen, denn Gott ist treu, und er schenkt das, was er anordnet — um es mit den Begriffen des heiligen Augustinus zu sagen.

Man kann umgekehrt sagen, dass jede Gabe auch ein Anruf ist. Jedes Mal, wenn das Leben uns ein Geschenk macht (ein Augenblick des Glücks, eine Freundschaft, eine Erkenntnis), dann beinhalten diese Geschenke einen Anruf: Die Einladung, für die empfangene Gabe zu danken, sie ganz anzunehmen, sie für uns selbst und die anderen fruchtbar zu machen, das erhaltene Talent Frucht bringen zu lassen. Jede Gabe Gottes ist ein Aufruf, uns ganz verfügbar zu machen für sein Handeln. «Nur für denjenigen gibt es eine wirklich nutzbringende Gabe Gottes, der sie als Gabe erkennt und sich dafür entscheidet, sie ohne Vorbehalt anzunehmen.»[6]

Anruf und Gabe sind nur die zwei sich ergänzenden Seiten ein und derselben Wirklichkeit, nämlich der Handlung, durch die Gott uns Leben einflößt. Ein immer reicheres, erfüllteres und fruchtbringendes Leben; ein Leben, das wir nicht nur passiv empfangen, sondern das sich dank der Zustimmung mit unseres freien Willens entfaltet. Der Empfang dieses tieferen

6 Jean-Claude Sagne, *Les sacrements et la vie spirituelle*, Médiaspaul, S. 52. Dieses Werk enthält sehr schöne Seiten über den Begriff des Anrufes.

und reicheren Lebens geht nicht ohne Schmerz, ohne Verzicht, ohne Leiden und ohne Kämpfe vor sich. Doch das Ziel ist das Leben in Fülle, und das ist der Wille Gottes für uns.

Sich dem Anruf öffnen heißt, sich dem Leben in all seinen Dimensionen zu öffnen: dem natürlichen Leben, dem Leben des Leibes, des Herzens, der Gefühle, des Verstandes. Aber auch dem Leben, das sich in der Beziehung zu den anderen entfaltet, in der Liebe, in der Gemeinschaft und schließlich in der Teilnahme an eben dem Reichtum des gesamten göttlichen Lebens, dem übernatürlichen Leben. Jeder Anruf ist ein Aufruf, mehr zu lieben, und er findet seine Erfüllung in der Teilhabe an der Reinheit und an dem Feuer der göttlichen Liebe selbst.

Sich verlieren, um sich zu finden

Ich möchte noch eine letzte Überlegung zum Begriff des Anrufes machen. Es scheint mir, dass er allein es möglich macht, auf der einen Seite den legitimen Wunsch nach Selbsterfüllung und auf der anderen Seite den Ruf des Evangeliums, sich zu verlieren und sich selbst zu entsagen, auf die richtige Weise in unserem Leben zusammenzubringen. Es handelt sich da um eine sehr aktuelle und schwer zu beantwortende Frage. Es gibt heutzutage ein starkes Streben nach Selbstverwirklichung, nach der persönlichen Entwicklung, nach der Entfaltung aller persönlichen Potentiale. Es wird eine Unzahl von Techniken angeboten, um dahin zu gelangen. Die Regale der Buchhandlungen quellen über von mehr oder weniger gelungenen Werken zu diesem Thema.

Es steckt etwas Legitimes in dieser Tendenz, aber es ist nicht immer einfach, sie mit der Sprache des Evangeliums zu vereinbaren. Im Evangelium scheint die Rede von etwas ganz anderem zu sein, von Entsagen und von Selbstverleugnung. Wenn man gläubig ist, kann man nicht einfach die Worte Jesu ignorieren, wenn er sagt:

> *«Wer mein Jünger sein will, der verleugne sich selbst, nehme sein Kreuz auf sich und folge mir nach. Denn wer sein Leben retten will, wird es verlieren; wer aber sein Leben um meinetwillen und um des Evangeliums willen verliert, wird es retten.»* (Mk 8,34-35)

Ebenso wenig kann man einen Satz abtun wie den von der heiligen Theresia von Lisieux: «Wenn man wüsste, was man gewinnt, wenn man sich in allem entsagt!»[7] Dieser Satz enthält ein Stück Wahrheit, das man verstehen und auf jedem wahrhaften spirituellen Weg berücksichtigen sollte.

Ohne diese Frage erschöpfend behandeln zu wollen, für die es im Übrigen vielleicht keine verstandesmäßige Antwort gibt, die ganz zufriedenstellend wäre (das Kreuz wird immer eine Herausforderung für den Verstand bleiben), möchte ich eines bemerken: Dieser Frage kann man sich nicht richtig nähern, wenn man sie außerhalb der Dynamik von Anruf und Antwort betrachtet. Die Worte des Evangeliums über die Selbstentsagung, die wir weiter oben zitiert haben, sind im Zusammenhang mit der Predigt vom Himmelreich zu verstehen und mit dem Aufruf an alle, Jesus zu folgen und die unbedingte Priorität bei der Verfügbarkeit für die frohe Botschaft vom Reich Gottes zu setzen.

Genau dann, wenn er auf die Anrufe Gottes antwortet, verliert der Mensch sich und findet sich gleichzeitig, auf eine wahrhaft christliche Weise, und nicht auf eine fehlgeleitete, krankhafte Weise. Er erlebt einen «*Verlust*», der keine Selbst-

7 Sr. Geneviève, *Conseils et souvenirs*, Cerf, coll. Foi vivante, S. 131.

zerstörung, kein Masochismus, kein Dolorismus ist. Vielmehr bedeutet dieser Verlust, dass man aus sich selbst herausgeht, seine Begrenzungen hinter sich lässt, um sich immer mehr dem Leben zu öffnen. Der Mensch erfährt dann ein «*Sich-Finden*», das keine narzisstische und egoistische Suche nach der eigenen Selbstverwirklichung ist, sondern ein Zugang zu seiner tiefsten Identität. Die Identität als Gotteskind, die uns in dem Maße geschenkt und enthüllt wird, indem wir auf die Anrufe antworten, die das Leben ohne Unterlass an uns richtet.

2. Die Berufung als Geschöpf

Ich möchte jetzt einen Punkt nennen, der mir wesentlich erscheint. Man darf nie vergessen, dass der grundlegende Anruf, der an uns gerichtet wird, der Aufruf zum Leben ist. Die erste Gabe, die Gott uns gibt, ist die Gabe des Lebens, und diese Gabe ist bereits eine Berufung.

Manchmal habe ich bei Predigten auf Exerzitien den Katholiken folgende Frage gestellt: «Welches ist das erste große Geschenk, das Gott uns gemacht hat?» Oft antwortete man mir: «Die Taufe.» Diese Antwort bekundet meines Erachtens ein Problem. Natürlich ist die Taufe ein wunderbares Geschenk: Es verschafft uns Zugang zur Fülle des Lebens der Dreifaltigkeit. Doch das allererste Geschenk Gottes, das ist das Leben!

Die oben genannte Antwort ist in der Tat bezeichnend für die Schwierigkeit, die wir oft dabei haben, das Leben als Geschenk anzunehmen. Das ist verständlich. Das Leben beinhaltet sein Päckchen an Schmerz, Leiden und Enttäuschung, und oft empfinden wir es mehr als Bürde denn als Geschenk. Ist nicht Hiob in den Tagen seiner Prüfung soweit gegangen, den Tag seiner Geburt zu verfluchen:

«Ausgelöscht sei der Tag, an dem ich geboren bin, die Nacht, die sprach: Ein Mann ist empfangen.» (Hiob 3,3) Dennoch bleibt das Leben mit all seiner Last an Prüfungen und Leiden immer noch ein Geschenk. Im Schöpfungsbericht sagt uns das Buch

Genesis, dass Gott Mann und Frau als sein Ebenbild schuf und sie dann segnete. «*Gott segnete sie.*» Dann lud er sie ein, fruchtbar zu sein und sich die Erde zu unterwerfen. Das Buch Genesis schließt mit den Worten: «*Gott sah alles an, was er gemacht hatte: Es war sehr gut.*» (Gen 1,28-31) Diese erste Wirklichkeit ist niemals in Frage gestellt worden. Gott lässt sich seine Gaben und seinen Anruf nicht gereuen. Auch wenn die Sünde ins Spiel gekommen ist und die Situation etwas kompliziert hat, so hat Gott dem Mann und der Frau niemals den Segen entzogen, der auf ihrem Leben ruht. Infolge des Sündenfalls hat er die Schlange verflucht, doch niemals die Schöpfung noch das menschliche Leben. Natürlich gibt es eine Erbsünde. Aber, wenn ich so sagen darf, die grundlegende Güte des geschaffenen Lebens ist noch ursprünglicher als die Erbsünde. Das menschliche Leben wird durch die Sünde bedroht — darüber muss man sich völlig im Klaren sein —, doch es bleibt dabei vom Wesen her gut. Außerdem wird der Wunde der Sünde sehr rasch die kommende Erlösung verheißen, durch den noch größeren Segen, der uns in Christus bereitet wird.

Wie können wir das göttliche Leben als ein Geschenk empfangen, wenn wir nicht das Leben als solches als Geschenk annehmen? Die Gnade hebt die Natur nicht auf, sie vervollkommnet sie. Wie können wir die Gnade der Erlösung empfangen, wenn wir nicht die Gabe des Geschaffenseins annehmen? Die Erlösung stellt das Werk der Schöpfung wieder her und vollendet es. Sie verleugnet es nicht und ersetzt es nicht.[8]

Was ich sage, ist nicht nur eine leere Theorie, sondern schlägt sich ganz konkret im Leben der Menschen nieder. In

8 Im christlichen Denken hat man sehr ausführlich das Thema vom Sündenfall und der Erlösung weitergeführt, das Thema der Schöpfung jedoch vielleicht zu wenig behandelt.

der geistigen Begleitung habe ich zum Beispiel bemerkt, was einige Leute daran hindert, die Gnade Gottes anzunehmen, was sie in ihrem menschlichen und geistigen Fortschritt lähmt: Oft ist es die Tatsache, dass sie sich nicht so annehmen, wie sie sind; dass sie ihre Grenzen als Geschöpfe nicht zulassen.[9]

Die Erschaffung, durch die Gott uns aus dem Nichts ins Leben gerufen hat, ist der erste große Akt der Liebe und der Barmherzigkeit, durch die er in unser Leben getreten ist. Alle anderen Akte der Liebe Gottes uns gegenüber haben darin ihre Wurzel und ihren Ursprung.

Ich zitiere einen schönen Text der heiligen Katharina von Siena, die sich für die Schönheit des menschlichen Geschöpfes begeistert, das als Ebenbild der Dreifaltigkeit geschaffen wurde. In einer Linie mit dem heiligen Augustinus setzt sie die drei Kräfte der Seele — Gedächtnis, Verstand und Willen — in Beziehung zu den göttlichen Personen. Sie sieht in der Schöpfung ein wunderbares Werk der Liebe.

> «O Gottheit, Gottheit, unaussprechliche Gottheit! O höchste Güte, die Ihr uns nur aus Liebe als Euer Ebenbild und Euch ähnlich erschaffen habt. Als Ihr den Menschen geschaffen habt, da habt Ihr Euch nicht damit begnügt, das "*Es werde*" zu sprechen, mit dem die anderen Geschöpfe erschaffen wurden. Sondern Ihr spracht: "*Lasst uns Menschen machen als unser Abbild*" (Gen 1,26), so dass die gesamte Dreifaltigkeit an unserer Erschaffung beteiligt gewesen sein und die Kräfte unserer Seele geprägt haben möge. Und tatsächlich, o ewiger Vater, der Ihr alles in Euch bewahrt — unser Gedächtnis ähnelt Euch. Denn es behält und bewahrt alles, was der Verstand von Euch sieht und begreift. Diese Erkenntnis lässt es an der Weisheit Eures eingeborenen

9 Siehe in meinem Buch *Die innere Freiheit* das Kapitel über die Selbstannahme.

Sohnes teilhaben. Ihr habt uns auch den Willen des Heiligen Geistes gegeben, der von Eurer Liebe überfließt, und der alles erfasst, was der Verstand von Eurer unaussprechlichen Güte erfährt, um so unser Gedächtnis und unser Herz ganz mit Euch zu erfüllen. O ja, ich sage Euch Dank für diese unendliche Liebe, die Ihr der Welt bezeugt habt, indem Ihr uns den Verstand gegeben habt, um Euch zu erkennen, das Gedächtnis, um Euch zu bewahren und den Willen, um Euch über alles lieben zu können, wie Ihr es verdient. Diese Kraft, diese Liebe, kann uns kein böser Geist noch sonst irgendein Geschöpf ohne unsere Einwilligung entreißen. Der Mensch erröte vor Scham darüber, sich so sehr geliebt zu sehen und seinen Schöpfer, sein wahres Leben, nicht zu lieben.»[10]

In einer schönen Katechese (vom 2. Januar 1980) sagt Johannes Paul II.: «Der Schöpfer ist derjenige, der aus dem Nichts ins Leben ruft und die Welt ins Dasein stellt und den Menschen in die Welt, weil er Liebe ist.» Er fügt hinzu, dass dieser Akt ein grundlegendes Geschenk bedeutet. Weil es sich an den Menschen wendet, stellt dieses Geschenk eine Beziehung her zwischen demjenigen, der schenkt, und demjenigen, der empfängt. «Die Schöpfung ist ein Geschenk, weil in ihr der Mensch erscheint, der als Abbild Gottes dazu fähig ist, den eigentlichen Sinn des Geschenkes zu verstehen, der im Ruf zum Leben aus dem Nichts besteht.» Hier finden wir die enge Verbindung zwischen Gabe und Anruf wieder, die wir weiter oben erwähnt haben. In der Redewendung «aus dem Nichts ins Leben rufen» hat das Verb «rufen» nicht nur eine metaphorische Bedeutung. Man muss es auch in seiner stärksten Bedeutung begreifen, der der Berufung.

10 Katharina von Siena, Ein Gebet aus ihrer Zeit in Avignon um die Wiederherstellung des Friedens in der Kirche. Ins Deutsche übertragen aus der französischen Fassung dieses Buches (Jacques Philippe, *Appelés à la vie*, 2007, S. 33).

Eine weitere wichtige Bemerkung: Die Tatsache, dass es auf dem Höhepunkt der Schöpfung Mann und Frau gab, ist ein Zeichen dafür, dass der Ruf zum Leben ein Ruf zum Lieben ist, ein Ruf zur Begegnung, ein Ruf zur gegenseitigen Hingabe der Menschen. Johannes Paul II. sagt: «Der Mensch verwirklicht sein Wesen nur dadurch, dass er mit jemandem lebt, und tiefer und vollständiger noch dadurch, dass er für jemanden lebt.» Der geschlechtlich differenzierte Körper bezeugt, dass die Berufung zum Leben eine Berufung zur zwischenmenschlichen Liebe ist, zur gegenseitigen Hingabe.

Noch vor dem Geschenk der Taufe und vor allen anderen Berufungen, die folgen können (Heirat, geweihtes Leben, besondere Aufgaben), ist das Dasein des Geschöpfes bereits eine schöne und große Berufung. Es ist ein Aufruf, Gott für das Geschenk des Lebens zu danken, dieses Leben mit seinen verschiedenen Dimensionen (der körperlichen, der verstandesmäßigen, der gefühlsmäßigen und der geistigen …) anzunehmen. Und es ist ein Aufruf, dieses Leben auf das Gute und auf die Fruchtbarkeit hin auszurichten, besonders in der gegenseitigen Hingabe der Personen.

Wenn wir nicht empfänglich sind für die Schönheit der Berufung als Geschöpfe Gottes, wie könnten wir dann weitere Berufungen annehmen? Und mehr noch, wenn wir die Berufung als Geschöpf missachten oder verachten, wie können wir dann mit den Nicht-Getauften in einen Dialog treten und in einer Gemeinschaft mit ihnen leben? Die Berufung zum Leben ist die Berufung, die allen Menschen gemeinsam ist, ob sie nun glauben oder nicht.

Unsere Erschaffung ist die ursprüngliche und grundlegende Gabe, auf die alle anderen Gaben aufgepfropft werden. Sie ist die grundlegende Berufung, auf die sich alle anderen Berufungen stützen werden. Die anderen Berufungen sollen diesen Ruf zum Leben nicht verneinen, sondern fördern. Dies wird sicherlich über Verzicht gehen und gemäß einer Logik, die keine Logik einer rein biologischen Entfaltung ist, sondern eine Logik, die über das Geheimnis des Kreuzes geht. Das Leben wächst nicht ohne Leiden, ohne Arbeit, ohne Kampf. Ohne diese befreit man sich nicht von dem oben genannten Risiko, sich einzuschließen. Ohne diese entfaltet man seine physischen, emotionellen und intellektuellen Talente nicht. Man lernt auch nichts über zwischenmenschliche Beziehungen und die Liebe und darüber, dass das natürliche Leben sich auf das übernatürliche Leben hin öffnet.

Man darf dennoch niemals vergessen, dass jede Berufung eine Berufung zu einem immer erfüllteren Leben ist. Entscheidet man sich dazu, auf einen Anruf Gottes zu antworten, dann sollte man dadurch zu der umfassenden Annahme des eigenen Lebens geführt werden. Mit all seinen konkreten und tatsächlichen Umständen, mit seinen Freuden und Leiden, mit den Geschenken, die es macht, und mit den Anforderungen, die es stellt. Wenn das nicht der Fall ist, dann sollte man den Anruf auch hinterfragen können. Achtung ist geboten bei gewissen Berufungen, hinter denen sich eine Ablehnung des Lebens verbergen könnte oder die Angst, zu lieben oder eine Flucht vor dem Körper und den Gefühlen oder auch mangelnde Zustimmung zum Leben, so wie es ist. Die Antwort auf einen Anruf muss die Entscheidung für ein erfüllteres Lebens sein, für ein intensiveres, wahrhaftigeres Leben. Sie darf keine Suche nach einer Zuflucht, nach einem Schutz oder eine verdeckte Entscheidung für den Tod sein, wie das zum Beispiel bei bestimmten Bindungen im religiösen Leben vorkommen kann, bei denen die rechte Unterscheidung fehlte.

Ich will, dass Du lebst

Es gibt einen schönen Text in der Schrift, in dem der Aufruf zum Leben ausgedrückt wird. Es handelt sich um den Beginn des 16. Kapitels bei Ezechiel. Diese Passage ist eine Allegorie der Geschichte Jerusalems, das durch ein schönes junges Mädchen dargestellt wird. Im Laufe ihres bewegten Schicksals erlebt sie Verrat und Sünde, doch es geht alles gut aus: Gott vergibt ihr und stellt sie wieder auf die Füße.

Der Anfang ist berührend; er drückt dieses Leiden des Verlassenseins, der Ablehnung aus, an dem wir mehr oder weniger alle zu tragen haben und das das Leben manchmal so schwer macht:

> *«Bei deiner Geburt, als du geboren wurdest, hat man deine Nabelschnur nicht abgeschnitten. Man hat dich nicht mit Wasser abgewaschen, nicht mit Salz eingerieben, nicht in Windeln gewickelt. Nichts von all dem hat man getan, kein Auge zeigte dir Mitleid, niemand übte Schonung an dir, sondern am Tag deiner Geburt hat man dich auf freiem Feld ausgesetzt, weil man dich verabscheute.»* (Ez 16,4-5)

Doch glücklicherweise kam Gott vorüber und hatte Mitleid:

> *«Da kam ich an dir vorüber und sah dich in deinem Blut zappeln, und ich sagte zu dir, als du blutverschmiert dalagst: Bleib am Leben! Wie eine Blume auf der Wiese ließ ich dich wachsen. Und du bist herangewachsen, bist groß geworden und herrlich aufgeblüht.»* (Ez 16,6-7)

Lebe! Ich will, dass du lebst! Ich will, dass du am Leben bleibst! Das ist der erste und grundlegende Anruf, den Gott an uns richtet. Wenn das Leben uns zu schwer erscheint, tut es gut, an diesem Wort festzuhalten. Es tut gut, auf diesen

Anruf zu antworten mit unserem Willen zu leben; durch unsere freie Entscheidung für das Leben und dadurch, dass wir das Leben so annehmen, wie es ist, auch mit seiner Last an Leid und Schmerz. Indem wir es mit Vertrauen annehmen, wird sich das Leben schließlich als ein unermessliches Geschenk erweisen.

Man könnte viele Zeugnisse von Menschen bringen, die sich trotz Situationen voller Leid, Behinderungen und schmerzhaften widrigen Umständen dafür entschieden haben, an das Leben zu glauben. Durch dieses Vertrauen haben sie erfahren, dass viele Leiden und Prüfungen umgewandelt wurden und sich schließlich als heilbringend herausgestellt haben. Ich denke dabei an jemanden wie Etty Hillesum, diese junge Jüdin, die 1943 in Auschwitz gestorben ist (und die ich in meinem Buch *Die innere Freiheit* oft zitiert habe), und die bewundernswerte Texte dazu geschrieben hat: «[…] ich bin bereit, in jeder Situation und bis in den Tod Zeugnis davon abzulegen, dass das Leben schön und sinnvoll ist […].»[11] Je verzweifelter ihre Situation aus menschlicher Sicht wird (im Zusammenhang mit der Verfolgung der Juden durch die Nazis in Holland), desto mehr Vertrauen hat sie ins Leben. Doch die Bedingung dafür ist, es so anzunehmen, wie es ist, *es in seiner Gesamtheit anzunehmen.*

Dem Leben gegenüber sind wir recht oft versucht, eine Auswahl vorzunehmen, indem wir das aussuchen, was uns gefällt und das ablehnen, was uns missfällt. Damit sind wir im Irrtum; tatsächlich sollen wir «alles wählen», um es mit Thérèse von Lisieux zu sagen.[12] Etty drückt in folgendem Textabschnitt die gleiche Haltung aus:

---

11 Etty Hillesum, *Das denkende Herz*, Rowohlt, 2006, S. 141.

12 Heilige Thérèse von Lisieux, *Œuvres complètes*, Manuscrit A, 9 u. 10, Cerf, S. 84.

«In letzter Zeit kommt es immer häufiger bei mir vor, dass ich bis in meine kleinsten täglichen Verrichtungen und Empfindungen einen Anflug von Ewigkeit verspüre. Ich bin nicht die einzige, die müde oder krank oder traurig oder ängstlich ist, sondern ich teile das Los von Millionen anderer Menschen aus vielen Jahrhunderten. All das ist ein Teil des Lebens, und trotzdem ist das Leben schön und sinnvoll noch in seiner Sinnlosigkeit, wenn man nur allen Dingen einen Platz im Leben einräumt und das ganze Leben als Einheit in sich aufnimmt, so dass es dennoch zu einem geschlossenen Ganzen wird. Und sobald man Teile davon ausschließt und ablehnt, sobald man eigenmächtig und willkürlich dies eine vom Leben annimmt, jenes andere aber nicht, ja dann wird es in der Tat sinnlos, weil es nun kein Ganzes mehr ist und alles willkürlich wird.»[13]

Vor einigen Monaten habe ich mich nach einem Gebetsabend in einem Haus meiner Gemeinschaft, auf dem ich über die Hoffnung gepredigt habe, einige Minuten mit einer alten Dame unterhalten, und dieser Wortwechsel hat mich sehr beeindruckt. Sie war mehr als achtzig Jahre alt, aber schön und würdevoll, mit einem friedvollen Gesichtsausdruck. Sie hat mir erzählt, dass sie in ihrem Leben viele Prüfungen durchzumachen hatte. Insbesondere hatte ihr Mann sie, als sie ca. 35 Jahre alt und Mutter von vier Kindern war, auf gemeine Art und Weise wegen einer anderen Frau verlassen. Sie hat mir erzählt, dass sie von diesem Ereignis völlig niedergeschmettert war und wochenlang wie am Boden zerstört war, eingeschlossen in ihren Schmerz und in der vollständigen Weigerung weiterzuleben. Und eines Tages hörte sie innerlich wie ein Wort Jesu, der zu ihr sagte: «Wenn du dich nicht wieder aufrichtest, dann werden aus deinen Kindern niemals Menschen.» — «Da bekam ich den Mut, mich wieder

13 Etty Hillesum, *Das denkende Herz*, Rowohlt, 2006, S. 128.

zu fangen», sagte sie zu mir, «wieder anzufangen, zu leben und mich um meine Kinder zu kümmern. Das war nicht einfach, ich musste viel kämpfen, doch der Herr war treu und hat mich niemals verlassen.» Sie schloss mit den Worten: «Das Leben ist wirklich nicht das, wofür wir es mit zwanzig Jahren halten. Aber letztendlich ist es voller wunderbarer Geschenke. Das Geheimnis besteht darin, allem zuzustimmen, was uns zustößt.»

Ich finde, dass dieses Zeugnis perfekt veranschaulicht, worum es in diesem Buch hauptsächlich geht: Auch in den schlimmsten Situationen liegt immer ein Anruf Gottes. Und ein Anruf Gottes ist ein Ruf zum Leben. Wenn wir ihn annehmen, erlaubt er uns letzten Endes, aus allem einen Nutzen zu ziehen.

Der Wert jedes Lebens

Diese Wahrheit wird heute in der westlichen Kultur sehr wenig wahrgenommen. Die heutige westliche Kultur tut sich schwer damit, den wirklichen Wert jedes Lebens zu erkennen. Ihr zufolge wäre das Leben nur dann lebenswert, wenn man reich, jung, gesund und in allen Bereichen erfolgreich sei, so dass man auf dem Titelblatt eines Modemagazins abgebildet werden könne. Doch sobald das Leben von einer Behinderung gezeichnet wäre, von Alter, von Leiden, hätte es keinen Wert mehr. Es ist ein Glück, dass die Kirche, dem Evangelium getreu, nicht aufhört, den Wert und den Preis jedes Lebens zu verkünden, auch wenn es nicht den aktuellen Normen für den gesellschaftlichen Erfolg entspricht.

Es gibt sehr schöne Zeugnisse, die in diese Richtung gehen, die wir betrachten sollten, um unsere Herzen und unsere Auffassungen zu erweitern. Ich denke dabei an das Zeugnis des amerikanischen Jesuiten Henri Nouwen, der einige Zeit in der Gemeinschaft der Arche von Jean Vanier verbracht hat. Er bezeugt, wie sehr der Kontakt mit den behinderten Menschen, die in dieser Gemeinschaft Aufnahme gefunden haben, für ihn zu einer außerordentlichen Quelle der Bekehrung und der Bereicherung geworden ist. In einem seiner Bücher[14] drückt er sehr schön aus, wie das Leben von Adam, einem schwerbehinderten Mann, der nicht sprechen konnte und in allen Bereichen der täglichen Pflege total von seiner Umgebung abhängig war, dennoch ein unermessliches Geschenk war für alle, die mit ihm zu tun hatten. Das kam durch den Frieden, den er verbreitete, und dadurch, wie seine Gegenwart jeden, der mit ihm Umgang hatte, auf das Wesentliche zurückführte.

Die Sünde ist eine Weigerung zu leben

Bitten wir also Gott, uns zu helfen, dass wir erkennen, wo wir uns weigern, zu leben und dass wir dort Heilung zulassen. Die Sünde ist in gewisser Weise eine Weigerung zu leben, unter zahlreichen Erscheinungsformen: Hoffnungslosigkeit; Festhalten an Projekten und Befriedigungen, die weit unter unserem Potential liegen; Nicht-Akzeptieren des Leidens; Verschlossenheit Gott und den Mitmenschen gegenüber; Mangel an Vertrauen in die einzigartige Gnade, die auf dem eigenen Leben liegt. Lieben wir unser Leben und entscheiden wir uns dafür! Nicht für ein erträumtes, imaginäres Leben, sondern für das tatsächliche Leben, das Gott uns Tag für Tag anbietet. Dann werden wir die darin verborgenen Reichtümer entdecken.

14 Henri Nouwen, *Adam, God's beloved*, Orbis book, 1997. Ins Deutsche übersetzt beim Herder Verlag, *Adam und ich: eine ungewöhnliche Freundschaft*, 2005.

Nach den Betrachtungen der beiden ersten Kapitel über den Begriff des Anrufes möchte ich jetzt die Hauptwege vorstellen, auf denen Gott seine Anrufe an uns richtet. Das fängt bei der Heiligen Schrift an.

3. Das Wort Gottes und die Macht seines Anrufes

«Ich muss nur einen Blick in das Evangelium werfen,
um sogleich den Duft des Lebens Jesu zu atmen
und zu wissen, wohin ich mich wenden soll ...»
Therese von Lisieux[15]

Das Wort Gottes, das uns die Heilige Schrift übermittelt hat, ist eines der grundlegenden Mittel, durch die Gott uns anruft und uns die Gabe seines Lebens mitteilt. Die Schrift häufig zu lesen, ist kein Luxus, der bestimmten Personen vorbehalten wäre, die die Muße dazu haben und gerne Exegese betreiben. Die Schrift zu lesen, ist absolut lebensnotwendig, besonders in unserer heutigen Welt. Wir befinden uns in einem solchen von Instabilität, Kampf und Verwirrung geprägten Umfeld, dass wir es alle dringend nötig haben, die Heilige Schrift zu entdecken als eine unerschöpfliche Quelle des Lichtes und der Kraft, als einen Leuchtturm und als einen Fels in der Brandung unseres Lebens. Die Erfahrung zeigt, dass es eine Wahrheit und einen Mut gibt, die wir nur im vertrauensvollen Anhangen an das Wort Gottes finden können. Ich bin zutiefst davon überzeugt, dass Gott — der sein

15 Sainte Thérèse de Lisieux, *Œuvres complètes*, Manuscrit 3, 36 verso, S. 285.

Volk nicht aufgibt — in den Zeiten, die die Kirche und die Welt heute durchleben, uns immer stärker erfahren lassen will, wie sehr uns sein Wort eine unschätzbare Hilfe ist. *«Himmel und Erde werden vergehen, aber meine Worte werden nicht vergehen»* (Lk 21,33), sagt Jesus, als er von den eschatologischen Erschütterungen spricht, die das Ende der Zeiten kennzeichnen sollen.

In dem Wort Gottes Trost, Frieden und Licht zu finden, ist nicht nur wenigen Privilegierten vorbehalten. Genauso wenig handelt es sich dabei um eine seltene und außergewöhnliche Erfahrung. Vielmehr sollte dies zu einer gemeinsamen Wirklichkeit für alle Gläubigen werden. Es liegt etwas wirklich Erstaunliches darin, wie einige Bibelverse uns manchmal auf eine so tiefe und persönliche Art und Weise treffen können. Manchmal geben sie eine perfekte Antwort auf unser Bedürfnis nach Erleuchtung, nach Ermutigung und auch nach Bekehrung, das wir ganz tief im Herzen tragen.

Es ist eine der angenehmsten, der schönsten und gleichzeitig der normalsten geistigen Erfahrungen, zu denen wir als Gläubige geführt werden. Wenn ein Bibelvers, den wir bis dahin noch nicht bemerkt hatten oder der uns nicht besonders ansprach, auf einmal einen Sinn bekommt, der uns zutiefst trifft in dem, was wir zu diesem Zeitpunkt erleben, dann erfahren wir wirklich die Treue und die Zärtlichkeit des Herrn.

Zur Einführung dieses Themas möchte ich einen schönen Text des Zweiten Vatikanischen Konzils nennen, einen Auszug aus *Dei Verbum*, der Dogmatischen Konstitution über die göttliche Offenbarung. Eines der Ziele des Konzils war es, alle Katholiken dazu zu ermutigen, mehr auf die Heilige Schrift zurückzugreifen. Die Zurückhaltung, die Bibel allen Menschen in die Hand zu geben, sollte definitiv aufgegeben werden. Diese Zurückhaltung war eine der traurigen Konsequenzen aus der katholischen Reaktion auf einige Exzesse der protestantischen Reformation des 16. Jahrhunderts gewesen. Glücklicherweise kann man feststellen, dass alle geistigen Bewegungen, die nach dem II. Vatikanum entstanden sind, wie zum Beispiel die charismatische Erneuerung, sich durch einen großen Hunger nach dem Wort Gottes auszeichnen. Doch lassen wir die Väter des Konzils zu Wort kommen:

> «Die Kirche hat die Heiligen Schriften immer verehrt wie den Herrenleib selbst, weil sie, vor allem in der heiligen Liturgie, vom Tisch des Wortes Gottes wie des Leibes Christi ohne Unterlass das Brot des Lebens nimmt und den Gläubigen reicht. In ihnen zusammen mit der Heiligen Überlieferung sah sie immer und sieht sie die höchste Richtschnur ihres Glaubens, weil sie, von Gott eingegeben und ein für alle Male niedergeschrieben, das Wort Gottes selbst unwandelbar vermitteln und in den Worten der Propheten und der Apostel die Stimme des Heiligen Geistes vernehmen lassen. Wie die christliche Religion selbst, so muss auch jede kirchliche Verkündigung sich von der Heiligen Schrift nähren und sich an ihr orientieren. In den Heiligen Büchern kommt ja der Vater, der im Himmel ist, seinen Kindern in Liebe entgegen und nimmt mit ihnen das Gespräch auf. Und solche Gewalt und Kraft ist im Worte Gottes, dass es für die Kirche Halt und Leben, für die Kinder der Kirche Glaubensstärke, Seelenspeise und reiner, unversieglicher Quell des geistlichen Lebens ist. Darum gelten von der Heiligen Schrift in besonderer Weise die Worte: *"Lebendig ist Gottes Rede und wirksam"* (Hebr 4,12), *"mächtig aufzubauen und das Erbe auszuteilen unter allen Geheiligten"* (Apg 20,32; vgl. 1 Thess 2,13). Der Zugang zur Heiligen Schrift muss für die an Christus Glaubenden weit offenstehen.»[16]

16 *Dei verbum*, Kapitel 6.

Wir stellen fest, dass das Konzil in diesem schönen Textabschnitt die Schrift ebenso als eine Nahrung für die Gläubigen ansieht wie die Eucharistie. Der heilige Hieronymus sagte:

> «Wir essen den Leib und wir trinken das Blut Christi in der Eucharistie, aber auch bei der Lektüre der Heiligen Schrift.»[17]

Bemerkenswert sind auch die verwendeten Ausdrücke, die beschreiben, welch kostbares Geschenk der Zärtlichkeit Gottes das Wort für uns ist: Glaubensstärke, Seelenspeise und reiner, unversieglicher Quell des geistlichen Lebens.

Johannes Paul II. hat natürlich seinerseits die Einladung des II. Vatikanums aufgegriffen. Um nur einen Text zu zitieren, bringen wir hier eine Passage aus *Novo Millenio Ineunte*, dem apostolischen Schreiben, das er zu Beginn des dritten Jahrtausends an die ganze Kirche richtete:

> «Besonders notwendig ist es, dass das Hören des Wortes zu einer lebendigen Begegnung in der alten und noch immer gültigen Tradition der *lectio divina* wird. Sie lässt uns im biblischen Text das lebendige Wort erfassen, das Fragen an uns stellt, Orientierung gibt und unser Dasein gestaltet.»

Auch hier finden wir einfache Worte, die doch voller Bedeutung und Kraft sind.

Ich werde jetzt einige Anmerkungen machen, die zum Lesen der Schrift ermutigen sollen. Sie ist eines der bevorzugten Mittel, durch die Gott uns seine Anrufe hören lässt, also hat sie mit der Kernaussage dieses Buches zu tun. Daneben werde ich auch einige Hinweise geben, um diese *lectio divina*, die Johannes Paul II. erwähnt, zu verstehen und in die Praxis umzusetzen. Die *lectio divina* ist ein betendes Lesen der

17 Zitiert bei Enzo Bianchi, *Prier par la parole*, S. 30.

Schrift in dem Wunsch, darin zu entdecken, wie Gott uns persönlich anspricht. Man muss kein Bibelgelehrter sein, um sie zu praktizieren: Ihr wesentliches Handwerkszeug besteht im Gebet, im Glauben und in der Offenheit des Herzens.

Die Schrift lädt dazu ein, die Schrift zu lesen

Als Erstes ist zu bemerken, dass die Einladung dazu, die Schrift zu betrachten, in der Schrift selbst zu finden ist. Es gibt dazu zahlreiche Beispiele, ich zitiere nur einige davon. Im ersten Psalm (der Psalter ist die hohe Schule des Gebetes der jüdischen Tradition und später auch der christlichen Tradition) wird uns gesagt: «*Wohl dem Mann [der] Freude hat an der Weisung*[18] *des Herrn, über seine Weisung nachsinnt bei Tag und bei Nacht.*» Und der Psalm knüpft schöne Verheißungen an diese beständige Betrachtung des Wortes Gottes: «*Er ist wie ein Baum, der an Wasserbächen gepflanzt ist, der zur rechten Zeit seine Frucht bringt und dessen Blätter nicht welken. Alles, was er tut, wird ihm gut gelingen.*»

Ich zitiere zu diesem Thema einen Text aus dem ersten Petrusbrief:

> «*Der Wahrheit gehorsam, habt ihr euer Herz rein gemacht für eine aufrichtige Bruderliebe; darum hört nicht auf, einander von Herzen zu lieben. Ihr seid neu geboren worden, nicht aus vergänglichem, sondern aus unvergänglichem Samen: aus Gottes Wort, das lebt und das bleibt. Denn alles Sterbliche ist wie Gras, und all seine Schönheit ist wie die Blume im Gras. Das Gras verdorrt, und die Blume verwelkt; doch das Wort des Herrn bleibt in Ewigkeit. Dieses Wort ist*

18 «Weisung» hat hier keinen rechtlichen Sinn. Es ist die *Torah*, die Lehre, das Wort, in dem Gott Israel einen Bund mit sich anbietet, als Weg des Lebens.

das Evangelium, das euch verkündet worden ist. Legt also alle Bosheit ab, alle Falschheit und Heuchelei, allen Neid und alle Verleumdung. Verlangt, gleichsam als neugeborene Kinder, nach der unverfälschten, geistigen Milch, damit ihr durch sie heranwachst und das Heil erlangt. Denn ihr habt erfahren, wie gütig der Herr ist.» (1 Petr 1,22-2,3)

Dieser Text ist schön, denn er spricht von der Macht, die das Wort hat, um ein neues Leben voller Liebe und Heiligkeit im Menschen hervorzubringen. Er lädt dazu ein, sich nach dem Wort zu sehnen, wie der Säugling sich nach der Muttermilch sehnt. Ohne diese Nahrung könnte er weder überleben noch sich entwickeln. Er setzt auch das Hören des Wortes Gottes mit der spürbaren Erfahrung der Güte Gottes in Verbindung, wenn er den Psalm 34 zitiert, der sagt: *«Kostet und seht, wie gütig der Herr ist.»* Ohne in eine spirituelle Naschsucht zu verfallen, haben wir doch ein unbedingtes Bedürfnis, die Güte Gottes zu verspüren. Das allein kann unser Vertrauen stärken und unsere Hartherzigkeit erweichen. Ich glaube, dass der häufige Umgang mit dem Wort Gottes ein ideales Mittel ist, um die Süße des Herrn zu verkosten. Es mag zuweilen trocken sein, in der Schrift zu lesen. Aber wenn wir beharrlich sind in der Sehnsucht und in der Suche nach Gott, dann werden wir früher oder später in diesem oder jenem Bibelvers, der unser Herz anrührt, eine unendliche Zärtlichkeit, einen Geschmack von Gott entdecken, der köstlicher ist als alles auf der Welt.

Gott wohnt in seinem Wort

Das große Geheimnis der Schrift besteht darin, dass sie uns Gottes Gegenwart selbst mitteilt. «Meine Person gebe ich im Text zu erkennen», sagt der Talmud in einem *midrash* (einem jüdischen Kommentar) zu den Zehn Geboten. Darin liegt eine erstaunliche Wahrheit: Trotz der Armut und der Grenzen der menschlichen Sprache, die die Autoren der Bibel benutzt haben, macht der Heilige Geist, der sie geführt hat, aus ihren Worten das Mittel, durch das Gott uns in Wahrheit trifft, mit all seiner Liebe, seiner Weisheit und seiner Macht. Ebenso wie in dem einfachen Menschen Jesus *«allein [...] wirklich die ganze Fülle Gottes [wohnt]»* (Kol 2,9), genauso vermitteln die Texte der Schrift auf geheimnisvolle Art und Weise etwas von Gottes Gegenwart selbst. Bevor der heilige Augustinus zu dem wunderbaren Kommentator der Schrift wurde, als den wir ihn heute kennen (und der das gesamte Mittelalter mit seinen Betrachtungen genährt hat), war er eine ganze Zeit lang sehr allergisch auf die Sprache der Bibel gewesen. Er empfand sie als grob und als ungeschliffen, im Vergleich zu den klassischen Autoren, von denen er überzeugt war. Doch eines Tages, dank der Katechesen des heiligen Ambrosius von Mailand hat schließlich auch er die Schätze der Weisheit und der Liebe entdeckt, die in der Bibel verborgen sind.

Die gesamte jüdische Tradition ebenso wie die christliche hat diese Entdeckung gemacht. Natürlich darf man den Text nicht über Gebühr verehren. Doch es wäre umgekehrt sehr schade, den Text der Bibel genauso anzugehen wie jeden beliebigen Text, ohne die Haltung des Glaubens. Der Glaube lässt uns die Schrift als einen bevorzugten Ort erfahren, an dem Gott sich wirklich als in unserem Leben gegenwärtig zeigt und an dem er sich unseren Herzen mitteilt.

Die Folge daraus ist dies: Wenn wir gläubig die Worte der Schrift in unseren Gedanken wohnen lassen und sie in unser Herz eindringen lassen, dann wird uns die geheimnisvolle

Mitteilung der göttlichen Gegenwart zuteil. Denn Gott wohnt in seinem Wort.

Das ist bei uns nicht immer der Fall: Wir wohnen nur selten in den Worten, die wir sprechen. Wenn ich zu jemandem sage: «Ich liebe Dich», dann kann ich in diesem Wort wohnen, ihm das ganze Gewicht meiner Freiheit, meiner Zusage und meiner Treue geben. Doch das gleiche Wort kann auch eine Lüge sein und nichts anderes bedeuten als: «Ich habe Lust, mich für den Augenblick mit Dir auszuleben.» Gott hingegen ist die Wahrheit. Er wohnt voll und ganz in jedem seiner Worte und gibt sich darin ganz. Wenn wir also das Wort in unserem Herzen aufnehmen, dann nehmen wir die Gegenwart Gottes auf, die wahrhafte und echte Liebe, die er uns entgegenbringt.

Wenn wir Gottes Wort hören, dann treten wir in die Intimität Gottes ein. Im Eheleben schaffen das Teilen und der Austausch der Worte eine Intimität, einen Raum der Gemeinschaft, der gegenseitigen Hingabe, die manchmal gekrönt wird durch die gegenseitige Hingabe der Körper. Ebenso weckt das Hören des Wortes Gottes ein Echo in unseren Herzen, woraus eine Gebetsantwort entspringt. All dies macht es möglich, dass zwischen Gott und jedem Gläubigen ein echter Raum der Intimität entsteht. Ich glaube, dass dies grundlegend ist, ganz besonders für die Personen, die sich dem Himmelreich zuliebe für den Zölibat entschieden haben. Die Momente der *lectio divina* sind notwendige und besondere Augenblicke für die Entstehung und die Vertiefung einer wirklich liebenden Intimität, ohne die das geweihte Leben seinen ganzen Sinn verliert. Keiner, der um des Himmelreiches willen ehelos lebt, kann das auf lange Sicht durchhalten, ohne regelmäßig die *lectio divina* zu praktizieren, die die geweihte Person zur Braut des Wortes macht.

Die Betrachtung der Schrift ist das Fundament jedes wahrhaft christlichen Gebetslebens. Durch sie spricht Gott zu uns und erweckt in uns eine Antwort. So wird daraus der Dialog des Gebetes. In der Schrift ist es sehr schön, dass Gott nicht nur das Wort an uns richtet, sondern dass er uns auch die Worte eingibt, um ihm zu antworten. Wir müssen Worte finden, mit denen wir zu Gott sprechen. Natürlich haben die Worte, die wir spontan gebrauchen, ihren Wert. Doch auch die Schrift bietet uns ihre Ausdrücke und ihre Sprache an, um uns an Gott zu wenden. So wird sie zu einer Lehrerin für unser Gebet. Welch schönes Geschenk ist es für uns zum Beispiel, dass wir über die Psalmen als Stütze für unser Gebet verfügen! Sie sind sehr menschlich und sehr geistig zugleich. Man findet darin alle Gefühle, die ein Menschenherz empfinden kann: die Verzweiflung, die Angst, die Versuchung zur Auflehnung, doch auch das friedliche Vertrauen, die Hoffnung und die überschäumende Freude. Sie führen uns letztendlich immer in das Vertrauen und in die Gnade.

Je mehr sich unser Gebet aus der Schrift nährt, desto wahrhaftiger und fruchtbarer wird es sein. Es wird wahrhaft menschlich sein und uns zugleich in die Lage versetzen, in die Gemeinschaft mit dem unfassbaren Geheimnis Gottes einzutreten. Je mehr die Schrift in unserem Gedächtnis und in unserem Herzen wohnt, desto einfacher können wir uns dem unaufhörlichen Gebet zuwenden, zu dem wir berufen sind: *«Betet ohne Unterlass!»* (1 Thess 5,17)

Das Wort und die Unterscheidung

«Dein Wort ist meinem Fuß eine Leuchte, ein Licht für meine Pfade», sagt der Psalm 119. Die Konfrontation mit dem Wort Gottes ist auch deshalb lebensnotwendig, weil es allein die

tiefste Wahrheit unseres Lebens ans Licht bringen kann. Die Kraft der Unterscheidung, die dem Wort Gottes zu eigen ist, wird in einem Abschnitt des Briefes an die Hebräer hervorgehoben:

> *«Denn lebendig ist das Wort Gottes, kraftvoll und schärfer als jedes zweischneidige Schwert; es dringt durch bis zur Scheidung von Seele und Geist, von Gelenk und Mark; es richtet über die Regungen und Gedanken des Herzens; vor ihm bleibt kein Geschöpf verborgen, sondern alles liegt nackt und bloß vor den Augen dessen, dem wir Rechenschaft schulden.»*
> (Hebr 4,12-13)

Das Wort Gottes ist wie ein Spiegel, der es dem Menschen erlaubt, sich in Wahrheit zu erkennen, im Guten wie im Bösen. Es zeigt unsere faulen Kompromisse mit der Sünde, unsere Zweideutigkeiten, und unsere Haltungen, die nicht dem Evangelium entsprechen. Doch es lässt auch das Beste aus uns hervorkommen, um dieses freizusetzen und zu ermutigen. Es dringt an den Punkt der Unterscheidung von Seele und Geist vor. Anders gesagt, es erlaubt uns, zu unterscheiden, was ein psychisches Konstrukt ist (und somit von unserem verletzten Menschsein kommt) und was aus der Dynamik der Liebe hervorgeht. Indem er das Bild des Spiegels verwendet, lädt der heilige Jakobus uns dazu ein, uns dem Wort zuzuwenden. Er nennt das Wort «*das vollkommene Gesetz der Freiheit*», an das wir uns halten sollen. Wenn wir danach handeln, werden wir durch unser Tun selig sein. (Jak 1,25)

Der beharrliche Umgang mit dem Wort Gottes führt uns in heilsame Krisen, es bewirkt ein «Gericht» (*krisis* im Griechischen, ein Ausdruck, den wir oft im Johannes-Evangelium finden). Nicht um uns zu verurteilen, sondern um uns zu bekehren und zu heilen. Ich denke, dass einige Passagen des

Evangeliums nicht als Hauptziel haben, uns eine direkte, moralische Lehre zu erteilen, die wir unter allen Umständen anwenden könnten. Eher sollen sie uns in eine «Krise versetzen», uns wachrütteln und gewisse Haltungen an den Tag bringen, die uns zuvor normal erschienen und in die wir uns einschließen könnten. Ich denke da zum Beispiel an die Parabel vom Weinbergbesitzer, der vom frühen Morgen an bis zum Tagesende Arbeiter einstellt, die er alle gleich entlohnt. Diejenigen, die nur eine Stunde gearbeitet haben, erhalten den gleichen Lohn wie diejenigen, die den ganzen Tag die Last der Arbeit und der Hitze zu tragen gehabt haben, was letztere zum Murren bringt. (Mt 20,1-16)

Oder auch an Worte wie diese:

«Ich aber sage euch: Leistet dem, der euch etwas Böses antut, keinen Widerstand, sondern wenn dich einer auf die Wange schlägt, dann halt ihm auch die andere hin. Und wenn dich einer vor Gericht bringen will, um dir das Hemd wegzunehmen, dann lass ihm auch den Mantel. Und wenn dich einer zwingen will, eine Meile mit ihm zu gehen, dann geh zwei mit ihm.» (Mt 5,39-41)

Diese Texte schockieren uns. Doch es ist ein heilsamer Schock, denn er bringt unser menschliches Kalkül, unsere Ängste, unsere Verteidigungs- und Abwehrmechanismen ans Licht. Die Texte rufen uns dazu auf, an uns selbst zu arbeiten und uns dem Werk der Gnade zu öffnen, um von dem eben Genannten frei zu werden. Wir sollen so verwurzelt werden im Vertrauen auf Gott, dass wir es nicht mehr nötig haben, ununterbrochen zu kalkulieren oder uns zu verteidigen. Vielmehr sollen wir fähig werden, in allen Lagen zu lieben. Gottes Wort hilft uns dabei, nach und nach zu wachsen und von unserer menschlichen Weisheit zu der Weisheit Gottes überzugehen.

Das Hören auf das Wort als Bedingung für die Fruchtbarkeit unseres Lebens

Eines der bekanntesten Gleichnisse des Evangeliums erinnert an das Wort Gottes im Bild vom Sämann und dem Samen.[19] Es warnt uns vor dem, was das Wirken des Wortes Gottes in unserem Leben unfruchtbar machen könnte: Dem Mangel an Beharrlichkeit und die Versuchungen durch Sorgen, irdische Reichtümer und Freuden des Lebens. Doch die wichtigste Lehre dieses Gleichnisses ist das Licht, das es auf die Fruchtbarkeit des Wortes wirft. Wenn es auf guten Boden fällt, geht es auf und bringt *«hundertfach Frucht»*. (Lk 8,8)

Bereits beim Propheten Jesaias finden wir diese Betonung der Wirksamkeit und der Fruchtbarkeit des Wortes:

> *«Denn wie der Regen und der Schnee vom Himmel fällt und nicht dorthin zurückkehrt, sondern die Erde tränkt und sie zum Keimen und Sprossen bringt, wie er dem Sämann Samen gibt und Brot zum Essen, so ist es auch mit dem Wort, das meinen Mund verlässt: es kehrt nicht leer zu mir zurück, sondern bewirkt, was ich will, und erreicht all das, wozu ich es ausgesandt habe.»* (Jes 55,10-11)

Die Geschichte der Kirche ist reich an Zeugnissen von Männern und Frauen, die von einem Wort Gottes angerührt worden sind, die davon bewegt wurden und deren Leben Sinn und Fruchtbarkeit gefunden hat, weil sie erlebt hatten, wie dieses Wort Fleisch annimmt. Denken wir an den heili-

19 Es findet sich in jedem der synoptischen Evangelien: Mt 13,1-9, Mk 4,1-9 und Lk 8,4-15.

gen Antonius,[20] einen Wüstenvater, den Vater aller Mönche. Er war ein ägyptischer Bauer gewesen, der die Kirche seines Dorfes betrat und von dem Wort ergriffen wurde, das der Priester gerade vorlas: «*Wenn du vollkommen sein willst, geh, verkauf deinen Besitz und gib das Geld den Armen; so wirst du einen bleibenden Schatz im Himmel haben; dann komm und folge mir nach.*» (Mt 19,21) Die ganze Fruchtbarkeit seines Lebens, der gewaltige Erfolg der neuen Lebensweise, die er in der Kirche einführen wird, nämlich des klösterlichen Lebens, entspringt dem Hören und dem Umsetzen dieses Wortes. Denken wir auch an Mutter Teresa, die durch das Wort Jesu: «*Mich dürstet!*» dazu gebracht wird, ihr ganzes Leben dem Dienst an den Armen zu weihen. Wir wissen, welche Ausstrahlung ihr Dienst hatte.

In dem apostolischen Schreiben *Vita Consecrata*[21] finden wir folgende Worte: «*Auf den Spuren Mariens, der neuen Eva, bringt die Person des geweihten Lebens ihre geistliche Fruchtbarkeit dadurch zum Ausdruck, dass sie aufnahmebereit wird für das Wort, um mit ihrer bedingungslosen Hingabe und ihrem lebendigen Zeugnis am Aufbau der neuen Menschheit mitzuwirken.*»[22] Das trifft für alle Christen zu.

Man kann sagen, dass das menschliche Herz dafür geschaffen ist, sich vom Worte Gottes befruchten zu lassen. In gewisser Weise ist es die Berufung jedes Mannes und jeder Frau, dem Wort ihr Fleisch zu verleihen. Das Wort Gottes muss sich inkarnieren, muss Fleisch annehmen, sonst bleibt es abstrakt und weit weg. Umgekehrt wiederum muss sich jedes Fleisch, jedes materielle menschliche Leben von dem Wort befruchten

20 Geboren im Jahre 251, gestorben gegen 356.
21 Apostolisches Schreiben von Johannes Paul II. über das geweihte Leben, veröffentlicht 1996.
22 *Vita Consecrata,* Nr. 34.

lassen, sonst wäre es ein auf sich beschränktes Leben ohne Bedeutung auf die Ewigkeit hin. Es gibt nichts Schöneres auf Erden als ein menschliches Herz, das sich einem Wort Gottes öffnet, das in dem Wunsch ausharrt, dieses Wort ganz zu leben. Es wird durch das Wort, das in ihm Wohnung genommen hat, zutiefst verändert und erneuert. Darin liegt das ganze Geheimnis der Jungfrau Maria und der unvorstellbaren Fruchtbarkeit ihres Lebens: *«Ich bin die Magd des Herrn; mir geschehe, wie du es gesagt hast.»* (Lk 1,38)

Bei vielen Personen aus der Bibel ebenso wie in der ganzen Geschichte der Kirche haben das Wort Gottes und die Aufrufe, die durch dieses Wort vermittelt werden, die Macht, in den Herzen der Menschen Schätze der Großherzigkeit, der Liebe und des Mutes wachzurufen, die unendlich weiter gehen, als es der Person aus sich selbst heraus möglich wäre. Wenn das Wort Gottes das Herz eines Menschen berührt, dann entspringen daraus neue Quellen des Lebens und der Selbsthingabe, die den Betreffenden, dem das geschieht, am meisten staunen machen. Das wird in einigen Abschnitten des Evangeliums sehr schön veranschaulicht. Ich denke da besonders an den Ruf an Levi, den zukünftigen heiligen Matthäus. Dieser Mann war ein Zöllner, einer der Kollaborateure der römischen Besatzer, für die sie Steuern eintrieben, wobei sie zweifellos einen guten Teil des eingesammelten Geldes in die eigene Tasche wirtschafteten. Unnötig, weiter auszuführen, dass sie sich nicht der Gunst des Volkes erfreuten, und noch weniger der Gunst der gläubigen Juden. Jesus ging an Matthäus vorbei, während dieser am Zoll saß und seinen zweifelhaften Beruf ausübte. Und er sagte zu ihm: *«Folge mir nach!»* Und das Evangelium berichtet weiter: *«Da stand Matthäus auf und folgte ihm.»* (Mt 9,9) Die Freunde Levis (die anderen Zöllner, die Sünder und die Frauen mit einem schlechten

Lebenswandel, die die Gäste des großen Gastmahls sein sollten, das der neue Apostel kurze Zeit darauf veranstaltete und an dem Jesus zum großen Anstoß der Pharisäer teilnahm) waren wohl eher erstaunt über seinen plötzlichen Sinneswandel: Ein Mensch, dessen Bestreben einzig darin lag, sich zu bereichern, auch mit Methoden, die von allen verachtet wurden, wird auf einmal, von einem Tag zum anderen, zum Jünger eines herumwandernden Rabbis, der vom Reich Gottes predigt! Das sieht man nicht alle Tage! Wobei Levi selbst in dieser Angelegenheit wohl am meisten erstaunt war. Nachdem er den an ihn gerichteten Anruf aufgenommen hatte, fühlte er in sich etwas ganz Neues auftauchen: Den Mut, seine Vergangenheit hinter sich zu lassen; die Freude, sich ganz auf ein neues Abenteuer einzulassen; die Freiheit, nicht mehr Herr seines eigenen Lebens zu sein, sondern es in die Hände eines anderen zu legen.

All dies zeugt von der Wirksamkeit des Wortes, das mit dem Herzen aufgenommen wird. Levi hätte viele Gründe als Ausflüchte vorbringen können, um «sich zu drücken». Er hätte zu Jesus sagen können: «Berufe lieber jemand anderen, einen guten und ehrlichen Gläubigen. Ich bin es nicht wert, dass du dich für mich interessierst, bei dem Beruf, den ich ausübe!» Doch Levi war so verrückt (so weise!), diesen unerwarteten Anruf anzunehmen. Dadurch hat er erfahren, dass das Wort, das ihn herbeirief, es vermochte, Schätze der Großherzigkeit, der Freiheit und der Uneigennützigkeit in ihm wachzurufen. Sicher hätte er niemals geglaubt, dass er zu so etwas fähig sein könnte! Dies ist eine Veranschaulichung dessen, was Jesus gesagt hat: «*[…] wer an mich glaubt. Wie die Schrift sagt: Aus seinem Inneren werden Ströme von lebendigem Wasser fließen.*» (Joh 7,38)

Wort Gottes und geistiger Kampf — ein Wort voller Macht

Im sechsten Kapitel des Briefes an die Epheser ermahnt Paulus die Empfänger dazu, vertrauensvoll und mutig den Anteil an Kampf auf sich zu nehmen, der Bestandteil jedes wahrhaft christlichen Lebens ist.

> *«Und schließlich: Werdet stark durch die Kraft und Macht des Herrn! Zieht die Rüstung Gottes an, damit ihr den listigen Anschlägen des Teufels widerstehen könnt.»* (Eph 6,12)

Etwas weiter erläutert Paulus die Teile der Rüstung, die man anlegen muss, um *«am Tag des Unheils standhalten»* zu können. Als letzten, aber nicht unwichtigsten Teil der Rüstung nennt er *«das Schwert des Geistes, das ist das Wort Gottes»*. (Eph 6,17)

Damit lädt er uns ein, uns der Stellung der Heiligen Schrift bewusster zu werden. Diese ist eine lebensnotwendige Hilfe, um die Kämpfe und Prüfungen des Lebens zu bestehen. Sie ist umso wichtiger, als wir es in diesen Kämpfen und Prüfungen nicht nur mit menschlichen Kräften und Wirklichkeiten zu tun haben, sondern auf geheimnisvolle Art und Weise auch mit geistigen Wirklichkeiten.

> *«Denn wir haben nicht gegen Menschen aus Fleisch und Blut zu kämpfen, sondern gegen die Fürsten und Gewalten, gegen die Beherrscher dieser finsteren Welt, gegen die bösen Geister des himmlischen Bereichs.»* (Eph 6,12)

Es ist lebenswichtig, uns bei unseren Kämpfen auf die Heilige Schrift stützen zu können. Papst Johannes Paul II. hat in seinem Apostolischen Schreiben *Novo Millenio Ineunte* der Kirche sein Programm für das dritte Jahrtausend vorgestellt.

Darin sagt er, dass ein Christ, der nicht betet, ein «gefährdeter» Christ sei. [23] Dementsprechend ist ein Christ, der nicht regelmäßig das Wort Gottes liest, ein gefährdeter Christ. Es ist eine Frage von Leben oder Tod: *«Er wollte dich erkennen lassen, dass der Mensch nicht nur von Brot lebt, sondern dass der Mensch von allem lebt, was der Mund des Herrn spricht.»* (Dtn 8,3) In den Geisteshaltungen, die uns umgeben und in den Reden der Medien herrscht zuviel Verwirrung. Wir selbst sind zu schwach und können deshalb nicht auf das Licht und die Kraft verzichten, die wir aus der Bibel schöpfen.

Die synoptischen Evangelien, besonders das von Markus, weisen darauf hin, wie sehr die Menschenmengen von der Macht des Wortes Jesu beeindruckt waren. *«Und die Menschen waren sehr betroffen von seiner Lehre; denn er lehrte sie wie einer, der (göttliche) Vollmacht hat, nicht wie die Schriftgelehrten.»* (Mk 1,22) Und weiter: *«Was hat das zu bedeuten? Hier wird mit Vollmacht eine ganz neue Lehre verkündet. Sogar die unreinen Geister gehorchen seinem Befehl.»* (Mk 1,27) Diese Vollmacht, die die Zuhörer so beeindruckt, hat zwei Aspekte. Zum einen zeigt diese Vollmacht, dass Jesus in seinem eigenen Namen spricht, und dass er sich nicht auf die Autorität eines anderen beruft. Damit setzt er sich von der üblichen Lehre der Rabbiner seiner Zeit ab. Diese bezogen sich bei allem, was sie behaupteten, stets auf die Weisen, die ihnen vorangegangen waren (wobei sie dem natürlich ihre eigenen Anmerkungen hinzufügten). Jesus ist kein Glied in der Kette der Überlieferung des Wortes. Er ist das Wort selbst, in seinem Ursprung und in seiner Erfüllung. Der andere Aspekt dieser Vollmacht des Wortes Jesu ist seine Macht und Wirkung. Wenn er einen Dämon vertreibt, dann flieht dieser,

23 *Novo Millenio Ineunte*, Nr. 34.

ohne widerstehen zu können. Wenn er dem stürmischen See droht, dann tritt völlige Stille ein (nicht nur auf dem Wasser, sondern auch in den aufgewühlten und unruhigen Herzen der Jünger). Wenn er einer armen Sünderin sagt, dass er sie nicht verurteilt, dann fühlt diese sich wie verwandelt, gereinigt und zutiefst mit Gott und mit sich selbst versöhnt, mit einer neuen Würde bekleidet und glücklich über das, was sie ist.

Es ist gut, diese Macht des Wortes Gottes zu betrachten, denn sie dient nicht dazu, uns zu zermalmen, sondern im Gegenteil dazu, uns zu dienen, zu unserem Wohle. Sie ist eine Macht gegen das Böse, gegen unsere Feinde, gegen den Ankläger. Sie ist eine Macht, die zu unseren Gunsten, zu unserer Erbauung und zu unserem Trost wirkt. Es ist lebensnotwendig, dass wir lernen, wie wir uns auf diese Macht des Wortes Gottes stützen können. In ihm verbirgt sich eine Kraft, die kein menschliches Wort besitzt.

Ich glaube, dass wir alle ohne Ausnahme Augenblicke in unserem Leben erleben werden, in denen diese segensreiche Macht des Wortes Gottes unser Rettungsanker sein wird. Es wird Zeiten der Prüfung geben, in denen es nur einen Weg gibt, um zu bestehen: Uns nicht mehr auf unsere verstandesgemäßen Gedanken (die zeigen werden, wie anfällig sie sind) zu stützen, sondern auf ein Wort der Schrift. Jesus selbst hat sich der Schrift bedient, um dem Teufel zu widerstehen, der ihn in der Wüste versuchte. Wenn wir auf der Höhe der menschlichen Gedankengänge und Erwägungen stehen bleiben, dann wird der Versucher eines Tages stärker und gerissener sein als wir. Allein das Wort Gottes wird in der Lage sein, ihn zu entwaffnen.

Jeder von uns hat folgende Erfahrung bereits gemacht oder wird sie noch machen: Wenn wir in Zeiten der Sorgen, der

Zweifel und der Prüfungen auf der Verstandesebene stehen bleiben, dann kommen wir nicht zurecht. Wenn wir uns zum Beispiel um unsere Zukunft sorgen und diese Sorge nur durch vernünftige Erwägungen zu beruhigen suchen, dann laufen wir Gefahr, in einer Sackgasse zu enden. Denn wir wissen nie so recht, was den Sieg davontragen wird: Werden es die Erwägungen sein, aus denen heraus wir uns sorgen — oder werden es die Erwägungen sein, aus denen heraus wir wieder Mut schöpfen. Unser Verstand ist nicht in der Lage, alles vorherzusehen und alles zu beherrschen. Der einzige Weg, um die Waage auf der richtigen Seite (der Seite des Vertrauens, der Hoffnung, des Friedens) zum Ausschlagen zu bringen, besteht nicht darin, immer mehr Argumente zu finden. Denn man wird zu jedem Argument ein Gegenargument finden. Er besteht vielmehr darin, uns an ein Wort aus dem Evangelium zu erinnern und uns voll Vertrauen auf dieses Wort zu stützen: «*Sorgt euch also nicht um morgen.*» (Mt 6,34) Oder auch: «*Fürchte dich nicht, du kleine Herde! Denn euer Vater hat beschlossen, euch das Reich zu geben.*» (Lk 12,32) Oder: «*Bei euch aber sind sogar die Haare auf dem Kopf alle gezählt.*» (Lk 12,7)

Wahrer Friede entspringt nicht aus den Schlussfolgerungen menschlicher Erwägungen. Er kann nur kommen, wenn man mit dem Herzen auf die Verheißungen Gottes vertraut, die er uns durch die Schrift vermittelt. Wenn wir einmal zweifeln oder verwirrt sind und trotzdem durch den Entschluss unseres freien Willens einem Wort aus der Schrift treu bleiben, dann wird die Macht, die diesem Wort zu eigen ist, zu einem Halt, der uns Kraft gibt. Es handelt sich dabei nicht um einen Zauberstab, der uns gegen jede Ratlosigkeit oder Angst immun machen würde. Doch jeder Gläubige kann erfahren, dass er durch das vertrauensvolle Anhangen an das

Wort Gottes auf geheimnisvolle Art und Weise eine Kraft erfährt, die ihm durch nichts anderes zukommen kann. Es hat eine besondere Macht, uns in der Hoffnung und im Frieden fest zu machen, was auch immer kommen mag. Der Brief an die Hebräer spricht im Hinblick auf die Verheißung Gottes an Abraham von einem «*sicheren und festen Anker der Seele*». (Hebr 6,19)

Zahllos sind die Beispiele von Schriftworten, die uns wertvolle Stützen in unseren Kämpfen sein können. Wenn wir uns einsam und verlassen fühlen, dann ruft uns die Schrift zu: «*Kann denn eine Frau ihr Kindlein vergessen, eine Mutter ihren leiblichen Sohn? Und selbst wenn sie ihn vergessen würde: ich vergesse dich nicht.*» (Jes 49,15) Wenn Gott uns fern scheint, dann sagt uns die Schrift: «*Ich bin bei euch alle Tage bis zum Ende der Welt.*» (Mt 28,20) Wenn wir uns von unserer Sünde erdrückt fühlen, dann antwortet uns die Schrift: «*Ich denke nicht mehr an deine Sünden.*» (Jes 43,25) Wenn wir den Eindruck haben, dass wir nicht über das verfügen, was wir brauchen, um im Leben voranzukommen, dann lädt uns der Psalm ein, einen Glaubensakt zu setzen: «*Der Herr ist mein Hirte, nichts wird mir fehlen.*» (Ps 23,1)

Lassen wir also keinen Tag vergehen, ohne uns wenigstens einige Minuten Zeit zu nehmen, um einen Abschnitt aus der Schrift zu lesen. Sie wird uns manchmal etwas trocken oder unklar vorkommen. Doch wenn wir sie ganz einfach, treu und betend lesen, dann wird sie unser Gedächtnis zutiefst durchdringen, ohne dass wir uns dessen bewusst werden. Und an dem Tag, an dem es notwendig sein wird, in einem widrigen Umstand, dann wird uns ein Vers ins Gedächtnis kommen. Und das wird genau das Wort sein, auf das wir uns stützen können, um die Hoffnung und den Frieden wiederzuerlangen.

Das Wort, das den Glauben, die Hoffnung und die Liebe nährt

Die drei göttlichen Tugenden — der Glaube, die Hoffnung und die Liebe — sind die wesentlichen Waffen in diesem geistigen Kampf. Der Apostel Paulus sagt in dem ersten Brief an die Thessaloniker: «*Wir [...] wollen [...] uns rüsten mit dem Panzer des Glaubens und der Liebe und mit dem Helm der Hoffnung auf das Heil.*» (1 Thess 5,8)

Einerseits sind genau sie es, die in jedem Augenblick der Prüfung in Frage gestellt werden: In wen setzt Du Deinen Glauben? Worin setzt Du Deine Hoffnung? In Gott oder in Deine eigenen Kräfte? Ist Deine Liebe eine uneigennützige Liebe? Andererseits ist jede Prüfung ein Aufruf dazu, Akte des Glaubens, Akte der Hoffnung zu setzen. Jede Prüfung ruft dazu auf, wahrhaftiger zu lieben, wie ich es im Folgenden noch weiter ausführen werde.

Die Heilige Schrift ist eine Macht im Kampf, denn sie ist eine ganz besondere Gnade, um den Glauben zu ermutigen, die Hoffnung zu stärken und die Liebe zu nähren.

> Im Brief an die Römer kleidet Paulus dies in die schönen Worte: «*Und alles, was einst geschrieben worden ist, ist zu unserer Belehrung geschrieben, damit wir durch Geduld und durch den Trost der Schrift Hoffnung haben.*» (Röm 15,4)

Der aufschlussreichste Text ist sicherlich der Bericht der Emmaus-Jünger. Sie gehen von Jerusalem weg, mit düsterem Gesicht und schwerem Herzen und mit dem Gefühl, dass jegliche Hoffnung, die sie auf Jesus gesetzt hatten, endgültig zunichte gemacht worden ist. Doch da ist ein Unbekannter, der mit ihnen geht und ihnen die Schrift auslegt. Am Ende des Weges erkennen sie den Herrn beim Brechen des Brotes, bevor er ihren Blicken entschwindet. Daraufhin sind ihr Glaube und ihre Hoffnung so erneuert, dass sie sofort den ganzen Weg zurück nach Jerusalem laufen, um den anderen Jüngern ihre Begegnung mit dem Auferstandenen zu verkünden. «*Und sie sagten zueinander: Brannte uns nicht das Herz in der Brust, als er unterwegs mit uns redete und uns den Sinn der Schrift erschloss?*» (Lk 24,32)

Dies ist der wesentliche Segen der Schrift, wenn der Heilige Geist uns das Verständnis für sie gibt: Sie erweckt im Herzen das Feuer des Glaubens, der Hoffnung und der Liebe.

Das Wort, das das Herz heilt und rein macht

Ich bin davon überzeugt, dass das häufige Lesen der Schrift, ihr schrittweises Eindringen in unser Herz und in unser Gedächtnis langfristig die Quelle tiefer Heilungen ist. Es ist kein magisches Heilmittel, und das Lesen der Bibel enthebt sicher nicht der therapeutischen Arbeit mit kompetenten Personen, wenn dies nötig sein sollte. Doch das Wort Gottes hat für alle, die es regelmäßig lesen, eine heilende Kraft.

Das ist die geistige Erfahrung, die die Wüstenmönche in den ersten Jahrhunderten der Geschichte der Kirche machten. Diese Tausende von Männern und Frauen, wie der heilige Antonius der Große, sind in die Einsamkeit der Wüste gegangen. Der Heilige Geist hatte sie dorthin gerufen zu einem geistigen Kampf, der nach und nach das Hervortreten einer christlichen Zivilisation ermöglichen sollte. Ihr Streben galt der persönlichen Bekehrung, der Reinheit des Herzens, dem Suchen nach Gott im unablässigen Gebet. Eines ihrer bevorzugten Mittel dazu war das Sich-Einverleiben der Schrift, die sie Tag und Nacht zu meditieren und vor allem in die Tat umzusetzen suchten. Die Frucht dessen ist die geistige

Erfahrung, dass die Gegenüberstellung mit der Schrift, ihre Verinnerlichung in das Gedächtnis des Herzens dazu in der Lage ist, dessen geheimste Einlassungen mit dem Bösen aufzudecken und es zu reinigen. Dadurch kommt nach und nach eine wahre Neustrukturierung der Psyche zustande, die zum Frieden und zur Freiheit führt. Es ist ein wahrer Weg der Zivilisation.[24]

Eine anthropologische Wahrheit, einfach und doch grundlegend, heißt: Der Mensch lebt von den Worten, die in ihm wohnen.

Unsere Erinnerung, die bewusste wie die unbewusste, ist wie ein Speicher von Worten, die unser Verhalten leiten und unsere Identität formen. Wir tragen eine innere Rede in uns, die mehr oder weniger bewusst eine entscheidende Rolle in unseren Beziehungen zu der Welt, zu unseren Nächsten und zu uns selbst spielt. Diese Worte und diese Rede haben sich auf verschiedenen Wegen in uns eingeprägt. Es sind gewissermaßen Glaubensüberzeugungen, die wir uns als Reaktion auf Ereignisse zurechtgelegt haben, die unser persönliches Leben

24 Siehe die Beschreibung von Antonius (durch seinen Biographen Athanius von Alexandrien), als er nach Jahren in der Einsamkeit zum ersten Mal wieder unter Gläubigen war: «Sein Anblick war der gleiche geblieben. Weder war er durch den Mangel an Leibesübungen dick geworden, noch war er durch das Fasten und den Kampf gegen die Dämonen abgezehrt. Vielmehr sah er genauso aus, wie man ihn vor seiner Zurückgezogenheit gekannt hatte. Weil er geistig rein war, konnte der Kummer ihn nicht geistig zu eng und das Wohlgefallen ihn nicht geistig zu weit machen. In ihm war weder Lachen noch Traurigkeit, die Menschenmenge verwirrte ihn nicht. Es versetzte ihn nicht in übermäßige Freude, wenn so viele Leute ihn begrüßten. Er blieb sich immer gleich, bei wachem Verstand, ganz natürlich. Seine Seele war im Frieden und so waren auch seine äußeren Sinne ohne Unruhe. Ebenso gab ihm die Freude seiner Seele ein freudiges Angesicht. Die Bewegungen seines Körpers gaben ein Gefühl und eine Vorstellung von dem Zustand seines Herzens, nach dem Spruch der Bibel: Ein fröhliches Herz macht ein fröhliches Angesicht. Genau das konnte man am heiligen Antonius erkennen: nie war er verwirrt, seine Seele war heiter; nie war er finster, sein Geist war in der Freude.»

geformt haben. Die Worte kommen aus unserer Erziehung, aus unserem kulturellen Umfeld. Es sind auch Bruchstücke aus der ständigen Flut an Worten, die im sozialen Leben und von den Medien transportiert werden und die es geschafft haben, sich tief in unserem Gedächtnis einzunisten. Diese Worte können die Form von Überzeugungen annehmen (So ist es …), von Befehlen (du musst …), von Verboten (du darfst nicht …). Meistens tun sie uns nicht gut; sie schließen uns ein und lähmen uns: *Ich werde es nie schaffen, ich bin ein Versager, das Leben ist schlecht, niemand versteht mich …* Man könnte eine lange Liste davon machen. Sie trennen uns von uns selbst und von der Wirklichkeit, sie verfälschen unsere Beziehung mit der Welt und mit den anderen.

Das häufige Lesen der Schrift hingegen hat eine befreiende und wohltuende Wirkung. Denn nach und nach kommt das Wort Gottes selbst, um in uns zu wohnen. Wenn man ohne Unterlass darüber nachsinnt und es in seinem Herzen verinnerlicht, dann tilgt es die negativen Worte und ersetzt sie durch Worte des Vertrauens und der Ermutigung: *«Alles vermag ich durch ihn, der mir Kraft gibt.»* (Phil 4,13) — *«Denn für Gott ist nichts unmöglich.»* (Lk 1,37) — *«Du bist mein geliebter Sohn.»* (Mk 1,11) Das Wort Gottes ist durch und durch ein Wort der Hoffnung. Es ist auch ein Wort der Wahrheit. Es führt uns in die rechte Beziehung zu Gott, zu der Welt, zu den anderen, zu uns selbst. Es reinigt von dem Mangel an Glauben, an Hoffnung und an Liebe sowie von den schlechten Gedanken, die das Herz beflecken und verfinstern.

Ein Charakteristikum des Wortes Gottes besteht darin, dass es — wenn wir es im Heiligen Geist lesen und verstehen — letzten Endes immer ein Wort der Ermutigung für uns ist. Das gilt sogar dann, wenn es mit Macht die Sünde aufdeckt, was es manchmal tut. Es ist keine harmlose Übung, das Wort

Gottes zu lesen. Es kann uns erschüttern wie ein richtiges Erdbeben und uns gewaltig auf unsere Einlassungen mit dem Bösen stoßen. Dennoch hat das Wort niemals eine Verurteilung zum Ziel, sondern immer die Bekehrung und das Heil. Wenn es unsere Sünde aufdeckt, dann sagt es uns gleichzeitig, dass eine Vergebung möglich ist. Es sagt uns, dass Gott nicht «gegen uns», sondern «für uns» ist und dass er uns auf unserem Weg der Bekehrung begleiten und unterstützen wird.

So gelangt man zum Leben und zur Freiheit: Indem man lernt, nicht mehr mit dieser Flut von negativen Worten zu leben, die in uns wohnen, sondern mit der Ermutigung und dem Reichtum, die vom Wort Gottes ausgehen. Das lässt sich natürlich nicht in einer Woche verwirklichen. Es ist vielmehr eine Arbeit, die einen langen Atem und eine große Geduld erfordert. Doch in dieser Arbeit kann der Herr Wunder wirken.

Das Wort und unsere Identität

Wenn das Wort Gottes, das durch die Schrift vermittelt wird, so segensreich für uns ist, dann liegt das daran, dass es uns stärkt in der Kindschaft Gottes. Es hilft uns, ganz in unsere Identität als blinder Gottes einzutreten. Nach und nach enthüllt uns das Wort unser tiefstes Wesen, das unveräußerlich ist. Es ist so wichtig, dass jeder von uns entdeckt und erkennt, dass er ein Kind Gottes ist. Ohne das laufen wir Gefahr, uns im Laufe unseres Lebens daran aufzureiben, fremde Identitäten aufzubauen. Identitäten, die zerbrechlich, konstruiert und künstlich sind und die auf Sand gebaut sind, nicht auf Fels. Sie sind nicht in der Lage, den heftigen Stürmen zu widerstehen, denen wir im Laufe unseres Lebens unweigerlich begegnen. Unsere wahre Identität wird uns zuteil durch das Wort, das der Vater an uns richtet.

Jedes Wort, das wir von Gott empfangen, ist gewisserweise dazu da, zwei grundlegende Worte Gottes zu bereichern und zu festigen, die unsere Identität ausmachen. Es handelt sich dabei nicht um Worte, die wir bewusst gehört hätten. Doch es sind Worte, die tief in unserem Wesen wohnen, weil sie ihm seine Struktur geben.

1. Das erste Wort, das wir bereits im vorangegangenen Kapitel erläutert haben, ist das Wort, das uns aus dem Nichts ins Leben rief. Dieses unendlich liebevolle, zärtliche und barmherzige Wort, durch das Gott uns das Leben gab, indem er sagte: «Lebe! Ich will, dass du lebst!» Das ist das erste große Liebeswort, das die Wurzel unseres Wesens ausmacht. Man kann nicht wirklich behaupten, dass dieses Wort zu uns gesagt wurde, denn wir waren noch nicht da, um es zu hören, da es uns ja erst ins Leben gerufen hat. Doch die Erschaffung des Menschen ist nicht nur ein Ereignis in der Vergangenheit, sondern sie ist ein kontinuierliches Werk Gottes, der nicht aufhört, uns am Leben zu erhalten. Würde Gott nur einen einzigen Augenblick damit aufhören, uns zu lieben und an uns zu denken, dann würden wir ins Nichts zurückkehren. Dieses Wort richtet sich also ständig an uns. Nachdem es uns Leben verliehen hat, sind wir unser ganzes Leben lang seine Empfänger und Gesprächspartner.

2. Das zweite Wort ist dasjenige, das bei unserer Taufe in uns eingeschrieben wurde. Es erweitert und vertieft das erste, indem es uns nicht mehr das Geschenk der Erschaffung macht, sondern das Geschenk eines noch sehr viel reicheren Lebens: dem Leben der Gnade, der Adoption als Kinder Gottes in Christus, der Teilhabe an dem Leben der Dreifaltigkeit.[25] Dieses Wort findet seinen Ausdruck in der Schrift, besonders bei der Taufe Jesu: *«Du bist mein geliebter Sohn, an dir habe ich Gefallen gefunden.»* (Mk 1,11) Es ist an Jesus gerichtet,

doch es gilt auch für jeden von uns, kraft unserer eigenen Taufe, durch die wir im Sohn zum Sohn werden.

Alle Worte, die Gott an uns richtet, haben das Ziel, uns in unserem Leben zu ermutigen und uns in unserer Entscheidung für das Leben zu stärken. Sie laden uns ein, in aller Fülle die Kindschaft Gottes zu empfangen, die uns in Christus geschenkt ist. Sie sind ein Geschenk und ein Aufruf: Das Geschenk der Kindschaft und der Aufruf, mehr und mehr in eine Haltung zu kommen, die es uns erlaubt, dieses Geschenk voll und ganz anzunehmen. Die Haltung der Einfachheit, des Vertrauens, der Hingabe eines Kindes, der Offenheit gegenüber dem Willen Gottes, der Darbringung unseres Lebens in der Danksagung. Indem wir all dies üben, werden wir immer mehr zu dem, was wir sind. Wir erreichen unsere wahre Identität, wir berühren unser innerstes Ich.

Der Mensch lebt von den Worten, die in ihm wohnen. Er lebt ein verarmtes und vermindertes Leben, wenn es sich dabei um negative Worte handelt, die in sein oberflächliches Gedächtnis eingeschrieben sind. Er lebt ein reiches und freies Leben, wenn es sich dabei um die beiden Worte handelt, von denen wir eben gesprochen haben. Sie sind für immer in unser tiefstes geistiges (und körperliches) Gedächtnis eingraviert. Doch oft haben wir sie gewissermaßen «vergessen», oft haben wir den Kontakt zu ihnen verloren. Das ganze spirituelle Leben ist wie eine Erinnerungsarbeit, um den Kontakt mit den beiden Worten wiederzufinden, die bereits in uns

25 Es wäre interessant, die Beziehung zwischen dem Menschen als Geschöpf Gottes und dem Menschen als Kind Gottes näher zu beleuchten. Als seine Geschöpfe sind wir bereits Kinder Gottes- und gleichzeitig werden wir durch die Taufe auf eine neue Art und Weise zu Kindern Gottes. Vgl. dazu die Gedanken von Xavier Lacroix in *Passeurs de vie, essai sur la paternité*, Bayard 2004, S. 282 ff.

wohnen und unsere Identität ausmachen. Es geht darum, sie in uns lebendig und fruchtbar zu machen.

Wir berühren da eine Frage, die mir für die Welt von heute sehr wichtig zu sein scheint. Der Mensch weiß nicht mehr, wem er sein Leben verdankt. Das ruft eine sehr tiefe Verletzung des Bewusstseins hervor, eine Angst und eine grundlegende Unsicherheit, ein Gefühl der Leere und der Nichtigkeit. In der atheistischen und wissenschaftlichen Welt, die uns heute umgibt, haben viele Menschen das mehr oder weniger unklare Gefühl, dass sie ihr Leben einer ganzen Menge von Gründen zu verdanken haben. Dazu gehören sogenannte blinde Faktoren (physische oder biologische Faktoren, Evolutionsgesetze, Genassoziationen etc.) oder sogenannte reine Zufälligkeiten: die Zufälle des Lebens, die zufällige Begegnung eines Mannes und einer Frau, die sich geliebt haben ohne die Absicht, jemandem das Leben zu schenken. Manchmal hat man sogar den Eindruck, als verdanke man das Leben dem Versagen einer Empfängnisverhütungsmethode, z. B. dem Platzen eines Kondoms (ich kenne jemanden, bei dem das der Fall ist!). Es gibt Psychologen aus den USA, die ein «Überlebendensyndrom» entdeckt zu haben glauben. Es soll sich dabei um das Unbehagen eines Kindes handeln, das in eine Familie geboren wird, in der es zahlreiche Abtreibungen gegeben hat, und das sich fragt, warum es dem entgehen konnte und die anderen nicht. Wenn es dann noch erzählt bekommt, dass die Erde nur ein kleiner Planet neben einem mittelmäßig großen Stern ist, in einem verlassenen Winkel einer Galaxie wie tausend andere und dass vielleicht gar nicht so ein großer Unterschied zwischen Mensch und Tier herrscht, wie man es früher glaubte, dann kann man sich schwer vorstellen, wie dieses Kind mit dem Gefühl leben kann, geliebt und gewollt zu sein.[26] Letztlich hat man mehr oder weniger ausgesprochen das Gefühl, dass man im Universum überflüssig ist und dass dieses sehr gut ohne uns auskommen würde. Aus biblischer Perspektive ist der Mensch die Krone und das Endziel des Universums. Hier hingegen wird der Mensch letztendlich zu einem lächerlichen und unnützen Produkt des Kosmos. Dies führt im Bewusstsein vieler Menschen zu einer tiefen Verletzung, die man bei vielen Jugendlichen heute spürt. Sie verursacht eine Schwierigkeit, Ja zu sagen zum Leben und sich selbst so anzunehmen, wie man ist. Die Entwicklung der modernen Kultur zeigt diese Wahrheit ganz deutlich: Die Ablehnung Gottes führt schließlich unweigerlich zu der Abscheu vor sich selbst.

Natürlich gibt es Kinder, die von ihren Eltern gewollt sind oder die von ihnen zumindest mit Liebe empfangen wurden. Das ist eine gute Ausgangsbasis, um dem Leben mit Vertrauen entgegenzutreten. Doch das trifft nicht auf viele zu. Und in jedem Fall wird unser Bewusstsein beeinflusst von dem kulturellen Klima, in dem wir uns bewegen.

Das einzige, was diese Verletzung des Bewusstseins heilen kann, von der ich eben gesprochen habe, von dem Gefühl, überflüssig zu sein in dieser Welt — das ist der Eintritt in das Leben als Kind Gottes, das ist die Entdeckung der göttlichen Vaterschaft. Wie auch immer die Umstände meiner Empfängnis und meiner Geburt waren — wenn es mich gibt, dann letzten Endes deshalb, weil ich gewollt bin. Ich bin gewollt,

26 Ich spiele hier auf einige Entdeckungen der modernen Wissenschaften an. Es geht nicht darum, diese herabzuwürdigen, ganz im Gegenteil. Alles, was wir heute über das Universum, seine Entwicklung und über die Gesetze der Genetik wissen, ist spannend und für Gläubige sogar ein wunderbares Zeugnis der Weisheit und der Macht Gottes. Doch in einem atheistischen Kontext können genau die gleichen Wahrheiten, wenn sie rein materialistisch interpretiert und verbreitet werden, eine zerstörerische Wirkung haben auf das Bewusstsein des Menschen und auf seine Art und Weise, seinen Platz im Leben einzunehmen.

ausgewählt und geliebt mit einer Liebe, deren Zärtlichkeit, Reinheit, Uneigennützigkeit und Großzügigkeit alles übertreffen, was man sich vorstellen kann: die Liebe Gottes, des Schöpfers. Er allein kann uns zutiefst mit dem Leben versöhnen, mit uns selbst, mit der Welt. Wir haben das dringende Bedürfnis, den Kontakt mit unserem Ursprung, nämlich dem Schöpfungsakt Gottes, wiederzufinden.[27] Einen Kontakt, der nicht nur in einem intellektuellen Anhangen an eine abstrakte Doktrin besteht, sondern in einer lebendigen Erfahrung. Solch eine Erfahrung verschafft uns das Wort Gottes, wenn es unser Herz berührt. Denn die Schrift gibt uns einen lebendigen und konkreten Zugang zu diesem Wort, das bereits auf geheimnisvolle Art und Weise in uns eingeschrieben steht, in unserem tiefsten Gedächtnis und in unserem Fleisch: *«Bleib am Leben!»* (Ez 16,6) *«Weil du in meinen Augen teuer und wertvoll bist und weil ich dich liebe.»* (Jes 43,4)

Einige praxisbezogenere Betrachtungen

Ich möchte dieses Kapitel über die Auseinandersetzung mit dem Wort Gottes als privilegiertem Ort des Anrufes und des geistigen Wachstums gerne mit einigen praxisbezogeneren Betrachtungen abschließen. Im Anhang dieses Buches schlage ich auch eine einfache Methode für die *lectio divina* vor.

Damit das regelmäßige Lesen der Schrift fruchtbar sei, sollte man meines Erachtens auf folgende Punkte achten:

1. Man soll betend lesen: Nur der Heilige Geist kann uns den tiefen und lebendigen Sinn der Schrift erfassen lassen.

27 Ich frage mich manchmal, ob eine der Ursachen für die sexuelle Raserei der Menschen in der heutigen Welt nicht dieses Bedürfnis ist, den Kontakt mit dem eigenen Ursprung wiederherzustellen.

Das schlichte, ausdauernde und vertrauensvolle Gebet ist die Basis jeder Annäherung an die Schrift.

2. Man braucht eine Haltung des Glaubens: Den Glauben daran, dass Gott wirklich zu uns kommen und persönlich zu uns sprechen möchte durch die Schrift. Es ist ganz gewiss nicht nötig, deshalb ein großer Gelehrter zu sein. Theresia von Lisieux hatte keine ausgedehnten Bibelstudien absolviert (obwohl sie gerne griechisch und hebräisch gelernt hätte, weil ihr die Unterschiede in den Übersetzungen aufgefallen waren). Das hat sie nicht daran gehindert, ein sehr tiefes Verständnis der Bibel zu besitzen. Übrigens hat sie alle großen geistigen Eingebungen, die ihr den Titel als Kirchenlehrerin eingebracht haben, aus der Bibel empfangen. Sie sagt:

> «Es ist vor allem das Evangelium, das mich in meinem Gebet trägt. In ihm finde ich alles, was für meine arme kleine Seele nötig ist. Darin entdecke ich immer neue Erleuchtungen, verborgene und geheimnisvolle Bedeutungen.»[28]

Sie hat dies erfahren, weil sie neben einem riesigen Vertrauen einen großen Hunger nach der Wahrheit und den starken Wunsch hatte, sich von Gott belehren zu lassen.

3. Die dritte Bedingung, wir haben sie gerade erwähnt, ist eine wahre Sehnsucht nach Bekehrung. Der unbedingte Wille, dass die Berührung mit dem Wort uns bekehre, unsere Sünde aufdecke, damit wir Gott und den Nächsten immer wahrhafter lieben mögen. Der Schlüssel zu dieser Fruchtbarkeit ist die *lectio divina*, ist die Sehnsucht nach Bekehrung. Man liest das Wort nicht, um geistigen Tourismus zu betreiben, um eine Bibelkultur zu erlangen oder um schöne Predigten vorzubereiten, sondern um es in die Tat umzusetzen.

28 Sainte Thérèse de Lisieux, *Œuvres complètes,* Manuscrit A, feuillet 83, verso.

Diese Haltung ist typisch dafür, wie sich die Wüstenväter der Schrift genähert haben. In einem Apophtegma wird folgende Anekdote erzählt:

> «Jemand kam zu Abba Pambo und bat ihn, ihn einen Psalm zu lehren. Pambo begann, ihn den Psalm 39 zu lehren. Doch kaum hatte er den ersten Vers ausgesprochen: "*Ich will auf meine Wege achten, damit ich nicht sündige mit meiner Zunge*", da wollte der Bruder nichts mehr weiter hören. Er sagte zu Pambo: "Dieser Vers reicht aus; möge es Gott gefallen, dass ich die Kraft bekomme, ihn in die Tat umzusetzen." Neunzehn Jahre später bemühte er sich immer noch darum.»[29]

Man liest regelmäßig die Schrift, damit die Berührung mit ihr zu einem Ereignis werden möge, das unser Herz und unser Leben ändert. Die Schrift lesen bedeutet, ein Risiko einzugehen: Das Risiko, dass sie uns zutiefst infrage stellt; dass sie uns Sachen sagt, die wir nicht gerne hören wollen. Nicht wir sind es, die mit der Bibel arbeiten. Die Bibel ist es, die mit uns arbeitet.

Wenn man in dieser Geisteshaltung liest, dann wird man manchmal Überraschungen erleben. Es kann sein, dass uns bestimmte Bibelverse wochenlang nicht mehr loslassen, so sehr spüren wir, dass sie uns zur Bekehrung drängen und in die Tat umgesetzt werden wollen. Ich erinnere mich an einen Tag der *lectio*, an dem ich besonders berührt war von einem Wort des heiligen Paulus: «*Da ich also von niemand abhängig war, habe ich mich für alle zum Sklaven gemacht, um möglichst viele zu gewinnen.*» (1 Kor 9,19) Es hat mich tagelang zum Nachdenken gebracht! Bin ich wirklich von niemandem abhängig? Gefühlsmäßig unabhängig, unabhängig von der Meinung

29 Zitiert in einer schönen Unterweisung über die *lectio divina* von Sr. Marie Pascale, einer Zisterzienserin. Verfügbar über Internet auf Französisch: http://users.skynet.be/scourmont/Armand/wri/lectio-fra.htm.

der anderen? Und im täglichen Leben, mache ich mich da wirklich zum Sklaven meiner Brüder und Schwestern?

4. Eine weitere Bemerkung: Wenn es normal und notwendig ist, dass die Schrift auf sehr persönliche Weise zu uns spricht, so müssen wir doch aufpassen, dass unsere Lesart des Wortes Gottes nicht zu individualistisch ist. Was wir darin zu entdecken glauben, muss immer mit der Lehre der Kirche verglichen werden. Es muss in der Einheit mit all denen aufgenommen werden, die mit uns zusammen Teil des Leibes Christi sind. Wir dürfen nicht vergessen, dass der erste Ort für die Rezeption des Wortes die Liturgie der Kirche ist. Wenn wir in diesem oder jenem Text einen persönlichen, an uns gerichteten Anruf zu entdecken glauben, und wenn es sich dabei um eine Entscheidung handelt, die wichtige Auswirkungen auf unser Leben haben kann, dann sollte man immer die Vorsicht besitzen, einen geistigen Begleiter um Bestätigung zu bitten.

Auch eine zu wörtliche oder zu fundamentalistische Auslegung der Schrift sollte vermieden werden, wenn dadurch der Verstand, das theologische Wissen und der kirchliche Konsens beiseite gelassen würden. In letzter Instanz sollte jede Auffassung des Wortes vom Verstand kontrolliert werden. Nicht von einem streng rational genommenen Verstand, sondern von einem Verstand, der dem Geheimnis gegenüber offen und vom Glauben erhellt ist und der mit dem Geiste der Kirche übereinstimmt.

4. Die Ereignisse des Lebens

«Herr, zu allen Menschen sprecht ihr,
insbesondere durch das, was ihnen
in jedem einzelnen Augenblick passiert.»[30]

Nachdem ich von der Heiligen Schrift gesprochen habe und dem Wort Gottes, das sie vermittelt, möchte ich mich in diesem Kapitel für ein zweites Mittel interessieren, durch das Gott seine Anrufe an uns richtet, nämlich für die Ereignisse des Lebens. Man merke nebenbei, dass im Hebräischen das Wort *davar* zwei Bedeutungen zugleich hat: *Wort* und *Ereignis*. Das versteht sich auch. Denn die Auseinandersetzung mit dem Wort ist, wenn sie authentisch ist, ein wahrhaftes Ereignis. Umgekehrt ist jedes Ereignis ein Wort. Fügen wir auch hinzu, dass es oft genug die Erleuchtungen aus der Schrift sind, die es uns erlauben zu unterscheiden, welches Wort, welcher Anruf durch dieses oder jenes Ereignis an uns gerichtet wird. Ebenso erlauben sie uns zu unterscheiden, wie wir dazu eingeladen sind, diesen Anruf zu leben.

Die Grundwahrheit, auf der alles Weitere beruht, was wir sagen werden, lautet folgendermaßen: Es gibt kein Ereignis in unserem Leben, das nicht in der einer oder anderen Weise

---

30 *L'abandon à la providence divine*, das früher Jean-Pierre de Caussade zugeschrieben wurde, DDB, 2005, S. 137.

einen Anruf Gottes beinhaltet. Einen Anruf, um zu wachsen, um sich weiterzuentwickeln, um seine Sicht der Dinge zu ändern, um sich zu bekehren.[31]

Selbstverständlich gibt es viele Umstände in unserem Leben, die nicht direkt von Gott gewollt sind. Die Schrift lädt uns dennoch ein, den Ablauf unseres Lebens mit einem Blick des Glaubens zu betrachten. Sie lädt uns dazu ein, daran zu glauben, dass Gott in allem gegenwärtig ist und dass er alles zu unserem Wohl beitragen lassen kann, auch die schwierigsten und schändlichsten Situationen. Die Heiligen geben auf absolut einstimmige Weise Zeugnis von dem tiefen Vertrauen, dass alles in der Hand der göttlichen Vorsehung liegt. Ihr liegt nur an unserem Heil, und dazu nutzt sie alles mit bewundernswerter Weisheit. Doch damit uns alles zu unserem Heil gereichen kann, braucht Gott unser Einverständnis und das Mitwirken unseres freien Willens. Deshalb ersucht er uns darum, auf unaufdringliche und geheimnisvolle, doch reelle Art und Weise. Aus diesem Grund kann jedes Ereignis, welches auch seine Ursachen gewesen sein mögen — auch wenn es die Folge eines Irrtums oder eines Sünde gewesen sein mag —, als ein Anruf Gottes aufgenommen und verstanden werden.

Diese Wahrheit ist grundlegend, birgt jedoch die Gefahr, falsch verstanden zu werden. Deshalb sollte man wachsam sein. Sie kann nämlich zu der Tendenz verleiten, alles, was wir erleben, übereilt zu interpretieren, indem wir ihm eine spirituelle Bedeutung geben. Darin kann eine Versuchung zu einem

31 Das trifft natürlich auf alle Menschen zu, nicht nur auf diejenigen, die ausdrücklich gläubig sind. Das Leben ist eine Schule, für jeden Mann und für jede Frau. Eine anspruchsvolle und schwierige Schule, doch letzten Endes voller Weisheit. Einige lassen sich voller Vertrauen und Fügsamkeit erziehen und machen große Fortschritte. Andere wiederum sperren sich mit Aufbegehren und Bitterkeit… Geheimnis der menschlichen Freiheit.

gewissen Fundamentalismus oder Fatalismus liegen, die die Türe zu einer Vielzahl von Illusionen öffnen. Oft kennen wir nicht die Bedeutung dessen, was wir erleben. Die Anrufe Gottes durch die Ereignisse müssen allmählich deutlich und vorsichtig unterschieden werden. Man darf sie nicht mit etwas verwechseln, das letztlich eine kulturelle oder psychologische Projektion wäre, eine pseudo-spirituelle Interpretation, die man den Ereignissen missbräuchlicherweise überstülpen würde. Das Wesentliche liegt — wie wir sehen werden — darin, nicht alle Situationen irgendwie zu interpretieren, sondern sie im Glauben anzunehmen und zu leben, selbst wenn wir sie nicht verstehen.

Eine andere Gefahr könnte darin liegen, in die übertriebene Haltung zu verfallen, unbedingt in allem einen Sinn finden zu wollen. Der Grund dafür ist die Angst, den göttlichen Willen zu verfehlen (eine Angst, die ihrerseits in dem psychologischen Bedürfnis nach Sicherheit wurzelt), was uns entfernen würde von der Einfachheit und der Freiheit der Kinder Gottes.

Wir berühren hier also einen schwierigen Bereich. Trotzdem dürfen wir deshalb nicht diese grundlegende Wahrheit beiseite lassen, von der wir hier sprechen. Denn in letzter Instanz ist es die Tatsache des Anrufes Gottes, die es uns erlaubt, jede Situation positiv zu erleben. Sie eröffnet uns einen Weg der Freiheit[32] und des Lebens in jeder Lage, wie verzweifelt diese auch scheinen mag.

32 Als Definition von Freiheit könnte man folgendes sagen: Die Fähigkeit, jede Situation positiv zu erleben. Die Möglichkeit, weder in einer Situation eingeschlossen zu sein, noch von ihr erdrückt zu werden. Sondern darin einen Weg des Wachstums und den Weg zu einem tieferen und wahrhaftigerem Leben zu sehen. Genau das ist die Freiheit, die glorreiche Freiheit der Kinder Gottes, die Christus uns durch seinen Tod und seine Auferstehung erworben hat.

Die Aussage, nach der jedes Ereignis, mit dem wir konfrontiert sind, in sich einen gewissen Anruf Gottes trägt, ist eine Glaubenswahrheit. Sie entspringt der Schrift und kann nicht ausschließlich auf eine verstandesgemäße Beweisführung gegründet werden. Doch wie jede Glaubenswahrheit ist sie außerordentlich fruchtbar und befreiend. Das werde ich versuchen aufzuzeigen.

Die glücklichen Ereignisse — Aufrufe zu Dankbarkeit und Hingabe

Sagen wir zunächst etwas zu den positiven und aufwertenden Ereignissen, den kleinen oder den großen Glücksmomenten, die uns das Leben oft schenkt. Diese sind in erster Linie Übermittler eines Aufrufes zur Danksagung, zur Dankbarkeit. Das Glück, das wir empfangen, wird noch größer sein, wenn wir auf diesen Aufruf antworten. Es liegt eine Freude im Empfangen, doch eine noch größere Freude im Danken für das Geschenk, das uns gemacht worden ist. Diese Haltung der Dankbarkeit ist schön, weil sie richtig ist (das Gegenteil wäre die Undankbarkeit), weil sie die Beziehung mit dem Geber vertieft, und auch weil sie das Herz weit macht und somit offener, um weitere Gnaden zu empfangen. Sie macht offen für weitere Gaben und erlaubt es, immer mehr die Großzügigkeit Gottes zu erfahren, wie es die heilige Therese von Lisieux wohl verstanden hat. Hier ein Rat, den ihre Schwester Céline aufschrieb:

> «Das, was die meisten Gnaden von Gott anzieht, ist die Dankbarkeit. Wenn wir ihm für eine Wohltat danken, ist er gerührt und beeilt sich, uns zehn weitere zu erweisen. Wenn wir ihm dann wieder mit derselben Aufrichtigkeit danken, welche unermessliche Vermehrung der Gnaden! Ich selbst habe diese Erfahrung

gemacht; versuche es und du wirst sehen! Meine Dankbarkeit ist grenzenlos für alles, was er mir gibt und ich beweise sie ihm auf tausend Arten.»[33]

Die Geschenke Gottes sind auch eine Einladung zum Vertrauen, zum Empfangen des Lebens, zum Teilen, zur Verantwortung und zum Fruchtbarmachen der empfangenen Gabe für uns selbst und für die anderen. Sie sind ein Aufruf, im Gegenzug uns selbst hinzugeben; die gleiche Großzügigkeit walten zu lassen, derer wir teilhaftig geworden sind.

Die schmerzhaften Ereignisse — Aufrufe zum Wachsen

Gehen wir nun zum schwierigeren Kapitel der schmerzhaften Ereignisse über. Auch sie enthalten Aufrufe, selbstverständlich mit ganz unterschiedlichen Inhalten, je nach den Umständen. Sie können eine Einladung zum Glauben, zur Hoffnung, zur Geduld, zum Mut, zur Vergebung oder zur Annahme der persönlichen Grenzen usw. sein. Die Aufzählung hat kein Ende. Doch es gibt immer einen besonderen Punkt, der den grundlegenden Anruf ausmacht und den es zu entdecken gilt. Es ist dies ist nicht immer unbedingt der Punkt, an den wir zunächst spontan gedacht haben.

Wenn wir uns in einer schwierigen Situation befinden, dann ist es nicht am wichtigsten und am befreiendsten, diese Situation aufzulösen (was übrigens oft nicht in unserer Macht steht), sondern den Anruf zu verstehen und zu befolgen, der uns durch diese Situation vermittelt wird. Dieser Anruf ist anfangs nicht immer klar zu erkennen. Doch nach und nach lässt er sich herauslesen, wenn wir unser Ja zu dieser Situation

33 Sr. Geneviève de la Sainte Face, *Conseils et souvenirs*, Cerf.

geben und wenn wir uns ehrlich fragen, was Gott von uns erwartet.

Wenn das Evangelium zu uns sagt, dass Jesus der Weg ist,[34] dann gibt uns das eines der schönsten Worte der Hoffnung an die Hand, die es gibt. Es besagt nicht nur, dass seine Gebote «Wegweiser» auf dem Lebensweg sind. Dieser Ausdruck soll bedeuten, dass es keine Situation gibt, in der die lebendige Gegenwart Jesu, auch wenn sie verborgen bleibt, uns nicht den Weg weisen könnte. Oder uns nicht aus einer stockenden Situation herausholen könnte, um uns den Mut zu geben, voranzugehen, sei es auch nur Schritt für Schritt und Tag für Tag. Im Psalm 31 steht dieser schöne Satz: *«Du hast mich nicht preisgegeben der Gewalt meines Feindes, hast meinen Füßen freien Raum geschenkt.»*[35]

Wir wollen noch einen wesentlichen Punkt festhalten: Die Hilfe, die der Herr uns in einer gegebenen Situation zukommen lässt, hat nichts mit einem Zauberstab zu tun, wie bei einem Eingriff, den man passiv abwartet, bis alles wieder gut ist. Wenn Gott für uns handelt, dann handelt er niemals ohne uns: Er handelt niemals, ohne unseren Verstand dazu einzuladen, die Dinge aus einem neuen Blickwinkel zu sehen. Und er handelt niemals, ohne unseren freien Willen dazu einzuladen, Entscheidungen zu treffen und neue Haltungen einzunehmen.

Anders gesagt gibt es niemals ein göttliches Eingreifen in unser Leben ohne einen bestimmten Aufruf zur Bekehrung. «Ich habe euch ohne eure Einwilligung erschaffen», hat der Herr zur heiligen Katharina von Siena gesagt, «aber ich werde euch nicht ohne eure Einwilligung retten.»

---

34 *«Ich bin der Weg und die Wahrheit und das Leben.»* (Joh 14,6)
35 Psalm 31,9.

Sich die richtigen Fragen stellen

Wenn wir eine Zeit der Prüfung durchmachen, dann ruft das in uns immer eine Menge Fragen hervor: «Wie schaffe ich das?» — «Wie lange wird das andauern?» oder auch «Warum nur befinde ich mich in dieser Situation?» — «Wer ist schuld daran?» — «Wer trägt die Verantwortung?» — «Ist es normal, dass das passiert?» All diese Fragen haben zum Teil ihre Berechtigung. Es ist legitim, sie zu stellen, und manchmal führen sie zu Antworten, die uns bei der Lösung der schwierigen Aufgaben helfen, denen wir gegenüberstehen.

Das Problem, dem wir jedoch bei dieser Reihe von Fragen begegnen, liegt darin, dass es darauf nicht immer eine Antwort gibt! Die Fragen sind legitim, ja sogar notwendig, doch man kann sich nicht endlos auf sie beschränken. Man kann ein Leben lang versuchen, die Verantwortlichkeit dieser oder jener Person in einer bestimmten Situation festzustellen, ohne dass die Dinge dadurch klarer würden; so komplex können die Gegebenheiten des Lebens manchmal sein. Außerdem sollte man wissen, dass das Heil nicht darin liegt, immer eine Antwort auf all diese Fragen zu besitzen.[36] Das Heil, der Weg des Lebens wird oft darin liegen, den Mut zu besitzen, einige durchaus legitime Fragen unbeantwortet zu lassen (was immer schmerzhaft ist) und auf einer anderen Ebene zu

36 In Bezug auf dieses Thema ist es gut, an diesen grundlegenden Punkt zu erinnern: Es ist nicht das Wissen, das uns rettet, sondern der Glaube. Was uns rettet (oder anders gesagt: Was uns wachsen und auf positive und fruchtbare Weise vorankommen lässt), besteht nicht darin, alles zu wissen und alles zu erklären, die Fäden jeder Situation vollständig zu entwirren, alle Verhältnisse genau zu kennen, jede Verantwortung klar zuweisen zu können usw. Sondern es besteht darin, die richtige Haltung in der jeweiligen Situation zu finden. Die Haltung, in der Gott mich haben will und die ich entdecken werde, wenn ich die Situation aus der Perspektive des Glaubens betrachte. Der Glaube besteht darin, die Situation im Vertrauen anzunehmen und mich der Führung durch den Heiligen Geist zu unterwerfen.

fragen: «Was erwartet Gott in dieser ganzen Situation letztendlich von mir?»

Dieser Ebenenwechsel erfordert notwendigerweise einen gewissen Anteil an Bekehrung, weil wir uns so schrecklich fest an das Bedürfnis klammern, alles verstehen zu wollen. Doch der große Vorteil dieser neuen Frage liegt darin, dass wir über kurz oder lang eine Antwort bekommen. Wenn wir aufrichtig den Willen Gottes suchen, dann wird dieser sich zu guter Letzt immer zeigen. «Eher würde er die Steine sprechen machen, als seinen Willen nicht den Kindern zu zeigen, die ihn mit Vertrauen suchen», sagt Jean-Jacques Olier, der Gründer der Kongregation der Sulpizianer.[37]

In der geistigen Begleitung habe ich oft Folgendes bemerkt: Sobald eine Person, die sich in einer schwierigen Situation befindet, akzeptiert, dass sie nicht alles versteht und nicht alles unter Kontrolle hat, und sich ganz einfach fragt, was Gott in diesem gegenwärtigen Augenblick von ihr erwartet, dann wird ihr nach und nach ein Licht, eine Erleuchtung geschenkt. Das kann darin bestehen, den Entschluss zu mehr Vertrauen zu fassen; jemandem zu vergeben; ein bestimmtes Versprechen, zu beten in die Tat umzusetzen usw. Und wenn die Person dieser Erleuchtung treu bleibt, dann hat dies eine unmittelbare Auswirkung: Sie wird ruhig und frei, sie fühlt sich nicht mehr als Gefangene oder als Opfer der Situation (auch wenn diese nach außen hin unverändert geblieben ist). Sie nimmt ihr Leben wieder in die Hand und übernimmt Verantwortung. Sie geht voran und handelt und kommt gewisserweise wieder zu Kräften, denn sie erkennt, in welche Richtung sie diese Kräfte mobilisieren kann. Die Zukunft liegt wieder offen vor ihr.

37 Zitiert in B. Pitaud und G. Chaillot, *Jean-Jacques Olier, directeur spirituel*, Cerf, S. 243.

Ich erinnere mich an ein Beispiel, das ich vor einigen Jahren erlebt habe. Oft predige ich bei Exerzitien, bei denen Leute, die dies wünschen, um ein Gespräch bitten können, das in der Regel nicht länger als eine Dreiviertelstunde dauern sollte. Es kam eine junge Frau zu mir und sagte: «Pater, in meinem Leben geht alles schief, es ist eine wahre Katastrophe!» Aus menschlicher Sicht war das nicht übertrieben! Ich habe ihr aufmerksam zugehört; es ist unerlässlich, dass ein Mensch, der leidet, sich in seinem Schmerz wirklich wahrgenommen und verstanden fühlt. Sie war gerade von ihrem Verlobten verlassen worden, sie fand keine Arbeit, hatte Schwierigkeiten in der Familie, eine schlechte Beziehung zu ihrem Vater usw. Während ich ihr zuhörte, fragte ich mich (wie man es bei schmerzlichen Geschichten oft tut): «Mein Gott, was werde ich ihr wohl sagen können, um ihr zu helfen?» In einigen Situationen fühlt man sich schrecklich hilflos. Doch zum Glück gibt es die Gnade. Das Gespräch verlief dann so, dass sich ein Punkt herauskristallisiert hat. Fürs Erste war es am wichtigsten, dass sie damit einverstanden war, ihrem Vater vergeben zu wollen. Was die anderen Probleme (Arbeit, Gefühlsleben …) anbelangte, so gab es dafür natürlich keine unmittelbare Lösung. Das mussten wir dem Herrn überlassen. Der Anruf Gottes war klar geworden: «Vergib deinem Vater und vertraue mir den Rest an!» Wir haben einen Augenblick gemeinsam gebetet, und sie hat ihren heimlichen Groll gegen ihren Vater gebeichtet. Sie hat den Mut gehabt, sich dafür zu entscheiden, zu vergeben und Gott die anderen Aspekte ihres Lebens zu übergeben. Im Frieden und zufrieden ist sie dann gegangen; sie hatte verstanden, welche Entscheidung sie an diesem Tag zu treffen hatte. Dadurch ist sie wieder zur handelnden Person in ihrem Leben geworden und hat gleichzeitig das Vertrauen in Gott und in sich selbst wiedergefunden. Als sie gegangen war, habe ich gedacht, dass sie genauso gut hätte sagen können: «In meinem Leben geht alles gut!» Das wäre genau das Gegenteil von dem gewesen, was sie eine Stunde zuvor gesagt hatte. Denn wenn ich heute erkenne, was zu tun ist, wenn ich mich dann dazu entscheide, es auch zu tun und den morgigen Tag in die Hand der göttlichen Vorsehung lege, dann geht alles gut. Was mehr könnte ich noch tun? Auch wenn noch eine gewisse Menge an ungelösten Problemen übrig bleibt, so habe ich doch den Schritt getan, den ich heute zu gehen hatte. Morgen werde ich den nächsten gehen, denn jedem Tag genügt seine Plage.

Natürlich geht nicht immer alles so einfach vonstatten. Doch es berührt mich trotzdem sehr, wenn ich die Gnaden des Lichtes und des Friedens sehe, die Gott denjenigen schenkt, die aufrichtig danach trachten, in ihrem Leben in der Wahrheit zu sein und ihn dafür um Rat und Hilfe bitten. Interessanterweise kann man feststellen, dass während fast aller Unterhaltungen dieser Art eine allmähliche Verschiebung in der Fragestellung der jeweiligen Person erfolgt. Schematisch dargestellt, lautet die erste Frage fast immer folgendermaßen: «Ich leide und ich erwarte von Ihnen eine Lösung, um nicht mehr leiden zu müssen.» Es ist klar, dass man sich in einer Sackgasse befindet, wenn man in dieser Perspektive verbleibt. Doch nach und nach lenkt einen das unaufdringliche Wirken des Heiligen Geistes hin zu einer anderen Fragestellung: «Was erwartet Gott von mir in all dem?», was auch so ausgedrückt werden kann: «Wie kann ich mich in dieser Situation meines Lebens richtig verhalten?» Eine gleichwertige Formulierung wäre folgende: «In welcher Haltung liegt am meisten Glaube, Hoffnung und Liebe?» Dann kann eine Antwort erfolgen. Es muss sich dabei nicht unbedingt um eine Lösung auf lange Sicht handeln, doch zumindest um den Schritt, der heute getan werden sollte. Und das ist ausreichend.

Um das alles in einem Wort zusammenzufassen: Ich würde sagen, dass es in problematischen Situationen nicht so sehr weiterhilft, Lösungen zu suchen, als auf die Anrufe zu hören, die mitten in diesen Situationen an uns gerichtet werden. «*Schma Israel! Höre Israel!*» Man sollte sozusagen von seiner eigenen Frage zu der Frage Gottes kommen. Von der Frage «Was verlange ich vom Leben?» zu der Frage «Was verlangt das Leben von mir?» Diese kleine «kopernikanische Wende» verändert alles... Sie kann ganz verschieden aussehen, je nach den Umständen. Manchmal wird sie darin bestehen, von einem: «Was erwarte ich von meiner Umgebung?» zu einem «Was erwartet meine Umgebung von mir?» überzugehen. Wie dem auch sei, dieses Umkehren des Blickes ist immer notwendig und immer fruchtbar. Nebenbei bemerkt lädt uns das Evangelium sehr oft zu dieser Wende der Blickrichtung ein, z. B. wenn Jesus sagt:

> *«Alles, was ihr also von anderen erwartet, das tut auch ihnen! Darin besteht das Gesetz und die Propheten.»* (Mt 7,12)

Wahre und falsche Antworten

Jetzt möchte ich noch einiges anmerken, um die vorhergegangenen Betrachtungen zu ergänzen.

Die Antwort auf die Frage: «Welcher Anruf ergeht in dieser Situation an mich?» denkt man sich grundsätzlich nicht aus. Sie hat nicht nur etwas mit einer seelischen Projektion zu tun. Sie ist keine vorgefertigte Antwort, wie sie nur allzu oft vorkommt. Sie hat mit Gabe zu tun, mit Gnade. Sie wird empfangen als Frucht der Öffnung des Herzens und als Frucht des

Gebetes. Oft entdeckt man sie, wenn man sich auf das Wort Gottes bezieht. Oft ist sie auch gewissermaßen geprägt von etwas Unerwartetem, etwas Neuem, das ein Zeichen des Wirkens des Geistes ist. Sie wirkt beruhigend und befreiend.

Es kommt vor, dass wir angesichts der verschiedenen Situationen vorgefertigte Antworten parat haben. Oft haben diese nicht viel zu tun mit dem wahren Anruf Gottes. Sie entspringen unseren kulturellen Mustern, unseren Denkgewohnheiten, den Lebensstrategien, die wir entwickelt haben, den Automatismen, die uns beeinflussen. Manchmal erscheinen sie auf den ersten Blick sehr geistreich und erbaulich und sind doch ein psychologisches Produkt der Ängste, des Zwanges zum Perfektionismus und der Vorurteile, die wir uns in Bezug auf Gottes Willen gemacht haben. Um dazu auf Distanz zu gehen und die wahren Anrufe des Geistes wahrzunehmen, ist es wichtig, sich selbst kennenzulernen und sich anderen zu öffnen, die oft klarer sehen können. Wenn man Erfahrung mit der geistigen Begleitung hat, dann erfasst man im allgemeinen ziemlich schnell, was von Gott kommt und was im paulinischen Sinne vom Fleische kommt, anders gesagt von der verletzten Psyche. Angesichts der Schwierigkeiten des Lebens kann jemand z. B. systematisch die Haltung der Selbstanschuldigung einnehmen. Ein anderer wird sich immer verpflichtet fühlen, die Zähne zusammenzubeißen und durchzuhalten. Ein anderer wieder wird gewöhnlich versucht sein, andere anzuklagen und ihnen die Schuld zuzuweisen. Noch ein anderer wird glauben, dass er zum Heldentum verpflichtet sei, was absolut nicht das ist, was Gott von ihm verlangt. Ein anderer schließlich wird schreckliche Angst davor haben, seine Schwachheit einzugestehen, da von ihm immer Stärke verlangt wurde. Einige praktizieren Verzicht, andere wiederum die Flucht nach vorn. Man könnte noch viele weitere Beispiele aufzählen. Die Früchte davon sind meistens geistige Unbeweglichkeit, Unruhe und Anspannung.

Im Gegensatz dazu weisen die Antworten, die vom Geiste kommen, folgende Charakteristika auf: Sie sind in Einklang mit dem Wort Gottes, sie haben den Nachgeschmack des Evangeliums nach Sanftheit, nach Demut, nach Frieden und einen Duft nach Einfachheit und Wahrhaftigkeit. Bezeichnend für sie ist auch der Aspekt von etwas Frischem und Neuem. Sie schaffen ein Klima des Vertrauens und machen Mut. Auch wenn manchmal eine Anstrengung dazu nötig ist und es Mut kostet, diese Antworten anzunehmen, so werden sie doch nicht von außen aufgezwungen. Vielmehr zeigen sie sich meist in einer inneren Begeisterung, unter Wahrung des freien Willens. Durch sie lassen wir unsere Szenarien der ständigen Wiederholungen hinter uns und nehmen wirkliche Änderungen vor. Durch sie kommt dieses Neue in unser Leben, das nur Gott bewirken kann.

Ein schönes Beispiel dafür ist die Gnade, die die heilige Therese von Lisieux mit vierzehn Jahren geschenkt bekam, in der Weihnachtsnacht des Jahres 1886. Ohne diese Gnade wäre sie, wie sie es selbst zugegeben hat, wohl nicht in der Lage gewesen, ihrer Berufung in den Karmel nachzukommen. Manchmal spricht sie von ihr als einer Gnade der Bekehrung und manchmal als einer Gnade der Heilung, was genau zu dem passt, was wir gerade gesagt haben. Die Tatsachen sind bekannt:[38] Im Alter von vierzehn Jahren zeigt Therese ein sehr eigenständiges geistiges Leben und eine unermessliche Liebe zu Jesus. Doch sie weist auch eine große gefühlsmäßige Unreife auf. Sie ist überempfindlich, weint wegen jeder Kleinigkeit, hat ein übersteigertes Bedürfnis

38 Sainte Thérèse de Lisieux, *Œuvres complètes*, Manuscrit A 45 r°, Cerf, S. 142.

nach Aufmerksamkeit und Bestätigung durch ihre Familie, die sie umgibt. Nach der Rückkehr von der Mitternachtsmesse findet das traditionelle Auspacken der Geschenke statt, auf das Therese sich voller Freude vorbereitet. Als Therese die Treppe hochsteigt, um ihren Hut abzulegen, gibt der Vater, Herr Marin, der bereits müde ist und keine Lust zu feiern hat, einem gewissen Überdruss Ausdruck, seine jüngste Tochter immer noch wie ein kleines Mädchen behandeln zu müssen: «Nun, zum Glück ist es das letzte Jahr!» Alle sind darauf gefasst, dass Therese, die diese Worte gehört hatte, wie gewöhnlich reagieren und in Tränen ausbrechen und damit die Freude der Familie verderben würde. Doch in dieser banalen Situation erkennt die zukünftige Heilige den Anruf Gottes: Die Grenzen der Kindheit zu verlassen, die Gefühlsbetontheit hinter sich zu lassen, sich selbst zu vergessen und so, als wäre nichts gewesen, die Treppe herunterzusteigen und sich genauso freudig zu zeigen, als hätte sie nichts gehört. Sie entschließt sich dazu, so zu handeln und indem sie so handelt, empfängt sie eine tiefgehende Heilung: «Ich fand die Seelenstärke wieder, die ich mit viereinhalb Jahren verloren hatte.» Von da an sollte sie ihren «gigantischen Lauf» in Richtung Heiligkeit beginnen, um ihre eigenen Worte aufzugreifen.

Diese Begebenheit aus dem Leben von Therese zeigt, wie sehr es im Leben Frucht bringen kann, wenn man den Anruf der Gnade annimmt — auch in den kleinsten Dingen.

Alle Anrufe sind Aufrufe zu Glauben, Hoffnung und Liebe

Jetzt möchte ich eine Bemerkung machen, die ich für sehr hilfreich halte zum besseren Verständnis unseres Themas. Die Anrufe Gottes können, wie bereits gesagt, höchst unterschiedliche Inhalte haben. Das kann sich nach den Umständen und nach den Abschnitten unseres Lebens richten und nach dem besonderen und einzigartigen Lebensweg, den Gott jedem Einzelnen von uns bereitet. Es können Aufrufe sein zu Geduld, zu Vergebung, zu der konkreten Zusage eines Dienstes, zu Gebet, zu Selbstannahme, zu Hingabe, zu Demut, zu einer Geste der Zärtlichkeit, zum Annehmen einer Freude usw.

Doch wenn man zum Wesentlichen kommt, merkt man schnell, dass die Anrufe, die an uns ergehen, hinter dieser unendlichen Vielfalt letztendlich immer Einladungen zu Glauben, Hoffnung und Liebe sind.

Die Reihenfolge, in der diese drei göttlichen Tugenden genannt werden, die die grundlegende Dynamik des geistigen Lebens ausmachen, hat ihre Bedeutung.

Der erste Anruf, den Gott (besonders in schwierigen Situationen) an uns richtet, ist ein *Aufruf zum Glauben*: Wir sollen glauben, dass Gott gegenwärtig ist, dass er treu ist, dass er alles in der Hand hat, dass er uns nicht vergisst. Da Gott Vater ist, ist der tiefste und radikalste Aufruf, den er an uns ergehen lässt, ein Aufruf zu Vertrauen. Der zweite Anruf, den er an uns richtet, ist ein *Aufruf zur Hoffnung*: Wir sollen von ihm Hilfe erwarten und nicht nur von unserer eigenen Betriebsamkeit. Wir sollen in ihn unsere Sicherheit setzen und nicht in alle menschlichen Sicherheiten, die wir uns fabriziert haben.

Auf dieser Grundlage des Glaubens und der Hoffnung können wir dann auch die *Aufrufe zur Liebe* wahrnehmen und annehmen, die auftauchen können: Aufrufe, Gott, unseren Nächsten und auch uns selbst wahrhafter und reiner zu lieben.

Der Glaube und die Hoffnung spielen eine fundamentale Rolle im Leben eines Christen, weil sie Stützpfeiler der Liebe sind. Sie sind wie die zwei Flügel der Liebe, die es ihr erlauben, aufzufliegen und sich zu entfalten. Diese Liebe ist letztlich das

Einzige, was zählt und bestehen bleiben wird. «*[...] hätte [ich] aber die Liebe nicht, wäre ich nichts*», sagt der heilige Paulus.[39] Der Glaube wird durch das klare Erkennen ersetzt werden, die Hoffnung wird dem Besitztum all dessen Platz machen, was wir voll Vertrauen erwartet haben. Doch die Liebe wird durch nichts anderes ersetzt werden: Die Liebe, mit der wir Gott und unsere Brüder im Himmelreich lieben werden, wird genau gleicher Natur sein wie die Liebe, mit der wir hier auf Erden lieben. Sicher wird sie brennender und reiner sein, unendlich freier und glücklicher, doch in der Substanz wird sie unverändert sein. Unsere einzige Sehnsucht sollte es also sein, vom jetzigen Augenblick an in der Liebe zu wachsen, indem wir uns den Anrufen Gottes öffnen. Diese sind letztlich immer ein Aufruf dazu, mehr zu lieben, den drei grundlegenden Ausrichtungen folgend, die die Liebe nehmen soll: die Liebe zu Gott, die Liebe zum Nächsten und die Liebe zu sich selbst, wie ich weiter unten noch ausführen werde.

Zuvor möchte ich das, was ich über den Glauben, die Hoffnung und die Liebe gesagt habe, mit einer weiteren Beobachtung vervollständigen.

Wenn wir eine schwere Zeit durchmachen, dann kann man Folgendes beobachten: Welcher Art die Prüfung, die wir durchmachen, auch sein mag (gesundheitliche Probleme, beruflicher Ärger, spirituelle Krisen, Beziehungsschwierigkeiten usw.), so sind es immer der Glaube, die Hoffnung und die Liebe, die letzten Endes geprüft bzw. in Frage gestellt werden. An jede dieser Wirklichkeiten wird gerührt, mal mehr und mal weniger, je nach den Umständen.

Jede Prüfung ist eine Prüfung des Glaubens. Jede Notsituation enthält auf die eine oder andere Weise die Frage nach

39 1 Kor 13,1-2.

dem Glauben: Glaubst Du, dass Gott in diesem Augenblick Deines Lebens gegenwärtig ist? Glaubst Du noch an seine Liebe, an seine Macht? Daran, dass er alles in der Hand hat und Dir alles zu Deinem Besten gereichen lässt? Jede Prüfung ist auch in gewisser Weise eine Prüfung der Hoffnung und stellt Fragen an uns, die man so formulieren könnte: Von wem erwartest Du das Heil? Nur von Dir selbst? Von Deiner eigenen Kraft? Von der Hilfe anderer Menschen? Oder hauptsächlich von Gott? Worin oder in wen setzt Du Deine Sicherheit? In Deine materiellen Güter, in Deine Erfahrung, Deine Ausbildung, Deine Tugenden, in eine bestimmte Person oder Institution? Oder hast Du Deine Sicherheit tatsächlich in Gott allein gesetzt, in seine unendliche Barmherzigkeit?

Schließlich ist jede Prüfung (ganz besonders im Bereich der zwischenmenschlichen Beziehungen, z. B. bei einer Partnerschaftskrise) auch eine Probe für die Liebe: Ist Deine Liebe echt? Ist sie uneigennützig? Kann sie in der Zeit bestehen? Ist Deine vermeintliche Großzügigkeit nicht ein verdecktes Feilschen (Du gibst, um im Gegenzug etwas zu bekommen)?

Jede schwierige Zeit ist also ein Aufruf zu mehr Entschiedenheit im Glauben, zu mehr Vertrauen in der Hoffnung, zu mehr Reinheit und Treue in der Liebe. Das bedeutet auch, dass wir keine Angst zu haben brauchen vor den Prüfungen des Lebens. Diese sind notwendig und heilbringend, wenn wir darin die Anrufe entdecken, die an uns gerichtet sind. Nur die Prüfungen lassen uns wirklich wachsen und uns weiterentwickeln. Sie stellen Gelegenheiten dar, bei denen wir die Gabe von mehr Glauben, mehr Vertrauen und mehr Liebe empfangen — wenn wir nicht den Mut verlieren. Denken wir beispielsweise an die schönen Worte des Petrus, wenn er vom Glauben spricht:

«Gepriesen sei der Gott und Vater unseres Herrn Jesus Christus: Er hat uns in seinem großen Erbarmen neu geboren, damit wir durch die Auferstehung Jesu Christi von den Toten eine lebendige Hoffnung haben und das unzerstörbare, makellose und unvergängliche Erbe empfangen, das im Himmel für euch aufbewahrt ist. Gottes Macht behütet euch durch den Glauben, damit ihr das Heil erlangt, das am Ende der Zeit offenbart werden soll. Deshalb seid voll Freude, obwohl ihr jetzt vielleicht kurze Zeit unter mancherlei Prüfungen leiden müsst. Dadurch soll sich euer Glaube bewähren, und es wird sich zeigen, dass er wertvoller ist als Gold, das im Feuer geprüft wurde und doch vergänglich ist. So wird (eurem Glauben) Lob, Herrlichkeit und Ehre zuteil bei der Offenbarung Jesu Christi.» (1 Petr 1,3-7)

Der Apostel Jakobus geht sogar so weit, zu Beginn seines Briefes zu sagen:

«Seid voll Freude, meine Brüder, wenn ihr in mancherlei Versuchung geratet.» (Jak 1,2)

Man könnte diesen Punkt damit beschließen und zusammenfassen, indem man Folgendes sagt: Über die sehr große Vielfalt der Anrufe hinweg, die die Prüfungen des Lebens in sich bergen, ist die grundlegende Einladung, die in all diesen Situationen an uns ergeht, eine Einladung zu Vertrauen und zu Liebe.

Die drei Achsen der Liebe

Sagen wir jetzt ein paar Worte über die Aufrufe zur Liebe und was sie beinhalten können.

Als ihn ein Gesetzeslehrer auf die Probe stellen wollte und ihn nach dem wichtigsten Gebot fragte, antwortete Jesus:

> *«Du sollst den Herrn, deinen Gott, lieben mit ganzem Herzen, mit ganzer Seele und mit all deinen Gedanken. Das ist das wichtigste und erste Gebot. Ebenso wichtig ist das zweite: Du sollst deinen Nächsten lieben wie dich selbst. An diesen beiden Geboten hängt das ganze Gesetz samt den Propheten.»* (Mt 22,37-40)

Diese Worte des Herrn zeigen, dass die Liebe dazu bestimmt ist, sich in zwei Dimensionen, die aber nicht voneinander zu trennen sind, zu entfalten: Die Gottesliebe und die Nächstenliebe. Doch in diesem Text wird eher unauffällig ein weiterer Aspekt der Liebe erwähnt: Die Liebe zu sich selbst: *«Du sollst deinen Nächsten lieben wie dich selbst.»* Diese Selbstliebe hat nichts mit dem Egoismus einer Person zu tun, die alles auf sich selbst bezieht. Vielmehr bedeutet sie die Gnade, mit sich selbst im Frieden zu leben; einzuwilligen in das, was man ist, mit seinen Gaben und seinen Grenzen.

Die drei Ausrichtungen der hier genannten Liebe (der Gottesliebe, der Nächstenliebe und der Selbstliebe) sind dazu bestimmt, gemeinsam zu wachsen. Sie unterstützen sich gegenseitig in ihrem Wachstum. Wenn die eine fehlt oder zu kurz kommt, dann leiden die beiden anderen darunter und ihre Entfaltung verkümmert. Sie sind wie die drei Beine eines Hockers, der nicht mehr im Gleichgewicht ist, wenn ein Bein fehlt.

Jeder der drei Aspekte der Liebe stützt sich auf die beiden anderen. Man muss kein großer Mathematiker sein, um zu verstehen, dass es zwischen drei Objekten sechs mögliche Beziehungen gibt. Wir werden jede Beziehung kurz darstellen:

1. Wenn man seinen Nächsten lieben will, muss man Gott lieben: Ohne die Kraft, die wir aus dem Glauben an Gott

schöpfen, hätten wir ziemliche Schwierigkeiten beim Ausüben von Geduld, von Vergebung und von Barmherzigkeit. Unsere Liebesfähigkeit versiegt schnell, wenn sie sich nicht ständig in demjenigen erneuert, der ihre Quelle ist, durch das Gebet und durch die Sakramente. Oft erlischt die Liebe wegen Entmutigung oder Verzweiflung. Nur die volle Hoffnung auf Gott verleiht den nötigen Mut, um beharrlich zu sein in der Liebe.

2. Wenn man seinen Nächsten lieben will, muss man auch sich selbst lieben: Wenn ich mich verabscheue und selbst verachte, wenn ich mich nicht so annehme, wie ich bin, dann wird sich das unweigerlich in heimlichem Groll und in Konflikten mit den anderen äußern. Viele Konflikte, die wir mit den anderen haben, sind Projektionen von Konflikten, die wir mit uns selbst haben. Ich ertrage die Armseligkeit der anderen nicht, weil ich meine eigene Armseligkeit nicht annehme. Wenn ich mich mit meiner Vergangenheit, meiner Persönlichkeit nicht ausgesöhnt habe, wenn ich unzufrieden bin mit dem, was ich bin, dann müssen die anderen in der einen oder anderen Weise dafür «bezahlen». Denn ich mache sie für das Unwohlsein verantwortlich, das mir innewohnt, weil ich mit mir selbst nicht im Frieden bin.

3. Wenn man Gott lieben will, muss man seinen Nächsten lieben: Wenn ich mein Herz den anderen verschließe, dann verhärte ich in harschen Urteilen, in Beschuldigungen, in Groll. Dann werde ich niemals in der Tiefe die Zärtlichkeit und die Güte Gottes erfahren, und ich werde auch nicht in der Liebe zu ihm wachsen. «*Denn nach dem Maß, mit dem ihr messt und zuteilt, wird auch euch zugeteilt werden*», heißt es im Evangelium (Lk 6,38). Wenn man sich weigert, seinen Nächsten zu lieben, dann bedeutet das unausweichlich, dass man sich Gott verschließt. Die Weigerung zu vergeben, bei-

spielsweise, kann das geistige Leben ganz und gar unfruchtbar machen.

4. Wenn man sich selbst lieben will, muss man ebenfalls seinen Nächsten lieben: Wer sich der Liebe der anderen verschließt, beraubt sich guter Gelegenheiten, um zu lieben, um das Beste in sich selbst zur Entfaltung zu bringen und somit im Selbstvertrauen zu wachsen. Er versäumt auch viele Gnaden, durch die er sich mit sich selbst versöhnen könnte. Diese Gnaden werden einem nämlich oft durch die Vermittlung der Mitmenschen zuteil. Ich habe es in meinem Leben wiederholte Male erlebt, dass wir, wenn wir den anderen gegenüber unnachgiebig und hart sind, dies früher oder später mit einer Erfahrung bezahlen, die uns unser eigenes Elend enthüllt. Umgekehrt finden wir oft dann zu uns, wenn wir uns selbst vergessen, um den anderen zu lieben. Im Zusammenhang mit ihrer Weihnachtsgnade, von der wir weiter oben berichtet haben, bezeugt die heilige Therese vom Kinde Jesu:

> «Ich fühlte, wie die Liebe in mein Herz trat; das Bedürfnis, mich selbst zu vergessen, um anderen eine Freude zu machen. Von diesem Zeitpunkt an war ich glücklich.»[40]

5. Wenn man Gott lieben will, muss man auch sich selbst lieben: Wenn ich mich nicht so annehme, wie ich bin, wenn ich mich selbst verachte, dann erkenne ich nicht die Liebe, mit der Gott mich liebt, und dann verschließe ich mich. Die Liebe, mit der Gott mich liebt, meint keine idealisierte Person. Sie meint nicht den, der ich «sein sollte» oder den, der ich «gerne gewesen wäre». Gott meint mich, so wie ich bin. Also kann ich seine Liebe nur dann ganz annehmen, wenn ich mich selbst annehme. Oft kommt es vor, dass Menschen

40 Sainte Thérèse de Lisieux, *Œuvres complètes*, Cerf, S. 143.

sich deshalb vor Gottes Liebe und seinen Gnaden verschließen, weil sie aus verschiedenen Gründen (Stolz, Perfektionismus, Angst davor, nicht geliebt zu werden…) ihre Begrenzungen und Schwächen nicht annehmen.

6. Wenn man sich selbst lieben will, muss man auch Gott lieben: Wer sich Gott verschließt, wird sich früher oder später schließlich selbst verabscheuen. Denn er wird nie die Entdeckung machen, wie zärtlich der Vater ist, wie gütig und wohlwollend sein Blick ist. Doch diese Entdeckung ist der sicherste Weg, um sich selbst annehmen zu können, mit seinen Fehlern und Grenzen. Die Ablehnung Gottes mündet in den Selbsthass. Ich glaube, dass dies ein unausweichliches Gesetz ist. Und die Entwicklung unserer Kultur in den letzten Jahrhunderten scheint mir dies zu veranschaulichen. Der moderne Mensch hat furchtbare Schwierigkeiten damit, sich selbst zu lieben. Die Fülle der Ratgeberliteratur zu den Themen «Persönlichkeitsentwicklung» und «mehr Selbstvertrauen» spricht Bände. Machen Sie sich einmal einen Spaß daraus, das Schlagwort «Selbstvertrauen» zu googeln (Google, eine Suchmaschine im Internet; www.google.de), und Sie werden sehen, wie viele Ergebnisse Sie bekommen: 1.400.000 Seiten allein auf Deutsch! Die ganze Bandbreite ist darunter vertreten. Ich bin keineswegs für eine Rückkehr zum Christentum des Mittelalters, doch bin ich davon überzeugt, dass der Mensch des dreizehnten Jahrhunderts nicht so viele Probleme damit hatte, sich selbst zu lieben. Er war noch der Überzeugung, dass er ein Geschöpf Gottes war, ein sicherlich sündhaftes Geschöpf, doch wert, geliebt und erlöst zu werden. Er war dazu imstande, Dummheiten zu begehen, doch glaubte er an einen möglichen Freikauf durch Christus. Im achtzehnten und neunzehnten Jahrhundert hat man Gott abgelehnt. Man hat sich der Illusion hingegeben zu denken,

dass dadurch auch die Schuld ausgelöscht und der Mensch endlich frei und glücklich sei. Doch eines hat man dabei vergessen: Ohne Gott muss der Mensch die Last seiner Nöte, seiner Armseligkeiten und seiner Fehler alleine tragen. Wenn es keinen Gott gibt, dann gibt es auch keine Vergebung und keine Barmherzigkeit. Heute ist jeder sozusagen dazu verurteilt, Erfolg im Leben zu haben — ohne die Möglichkeit zur Vergebung im Falle eines Scheiterns. Der Mensch kann sich nicht selbst die Absolution erteilen, welche Anstrengungen auch immer er in diese Richtung unternehmen mag — und würde er auch eine Armee von Psychologen aufbieten, um sich das Schuldgefühl zu nehmen. Das Selbstwertgefühl braucht ein Fundament, nämlich die Gewissheit, dass ich geliebt werde und dass ich lieben kann — komme, was da wolle. Diese Gewissheit kann nur Gott allein in uneingeschränktem Maße gewähren.

Der feste Kern unserer Persönlichkeit, der Grund unserer inneren Sicherheit, den wir alle brauchen, besteht in dieser zweifachen Gewissheit: Die Gewissheit, geliebt zu werden und die Gewissheit, lieben zu können. Beide sind notwendig: Auf der einen Seite weiß man sich bedingungslos geliebt, was einen von der Angst befreit, sich ständig fragen zu müssen, ob man überhaupt wert ist, geliebt zu werden, ob man gut genug ist usw. Auf der anderen Seite muss man auch wissen, dass man selber zu Liebe, zu Hingabe und zu Uneigennützigkeit fähig ist. Das ist notwendig, um den Preis und den Wert unseres Lebens erkennen zu können. Um frei und glücklich sein zu können, müssen wir nicht nur geliebt werden, sondern auch Liebe zurückgeben und dadurch Frucht bringen, Leben schenken. Gott allein kann uns diese zweifache Gewissheit, geliebt zu werden und selbst lieben zu können, schenken. Er allein liebt uns mit einer vollkommen bedingungslosen

Liebe. Er allein schenkt uns das Vertrauen, dass sich durch seine Gnade — trotz unserer Begrenzungen — in unseren Herzen alles entfalten kann: Die wirkliche Fähigkeit zu lieben, die Offenheit, um zu empfangen und die Großherzigkeit, sich hinzugeben.

Das sind einige Beziehungen, die man zwischen den drei Ausrichtungen der Liebe herausstellen kann. Die Liebe zu Gott, die Liebe zum Nächsten und die Liebe zu sich selbst entwickeln sich gleichzeitig. Bei jeder Etappe unseres Lebens ist es unerlässlich, zu erkennen, welches «Bein des Hockers» am meisten Aufmerksamkeit benötigt, um gestärkt zu werden und die Entfaltung der beiden anderen möglich zu machen.

Manchmal können wir hauptsächlich dazu aufgerufen sein, die Liebe zu Gott stärker werden zu lassen: Mehr Gebet, mehr Vertrauen in Gott, größere Offenheit für seinen Willen, besseres Hören auf sein Wort. Manchmal liegt die Dringlichkeit bei der Liebe zum Nächsten: Bei Geduld (die der heiligen Katharina von Siena zufolge der «Kern der Liebe» ist), beim Vergeben, bei Großherzigkeit im Dienen, bei Einsatzbereitschaft für die Armen usw. Und manchmal (das betrifft in einer bestimmten Lebensetappe jeden von uns) liegt die Priorität bei der Liebe zu uns selbst: Die eigene Verletzbarkeit und Schwäche annehmen; sich so zu akzeptieren, wie man ist; damit aufhören, sich Vorwürfe zu machen oder schuldig zu fühlen.

So sollte man auf die Anrufe des Heiligen Geistes achten und dabei die oben beschriebenen Prioritäten unterscheiden. Diese richten sich immer nach dem Abschnitt unseres Lebensweges, an dem wir gerade stehen. Wenn wir auf den Anruf Gottes, eine bestimmte Achse der Liebe zu verstärken, antworten, dann werden die beiden anderen Achsen dadurch automatisch mitgestärkt.

Haltungen, die uns aufnahmefähig machen für die Anrufe

Jetzt werden wir uns folgender Frage zuwenden: Wie erkennen wir die Anrufe Gottes? Anders gesagt, wie erkennen wir genau, welche Handlungen aus dem Glauben, aus der Hoffnung oder aus der Liebe wir in unserer konkreten Situation ausführen sollen? Die Antwort ist nicht immer einfach: Natürlich gibt es für die Lösung kein Universalrezept oder Computerprogramm, das wir mit den Daten füttern könnten und das uns automatisch die richtige Schlussfolgerung erlauben würde. Deshalb werde ich das Gewicht eher auf bestimmte Geisteshaltungen legen. Wenn wir deren Triftigkeit verstehen und sie in die Tat umsetzen, dann erlauben sie uns meines Erachtens in 95 Prozent aller Fälle, eine Erleuchtung zu finden und die Gewissheit über das, was wir zu tun haben. Was uns dies klar erkennen lässt, liegt tatsächlich nicht in erster Linie daran, ob wir über raffinierte Techniken der Unterscheidung verfügen. Vielmehr liegt es daran, ob wir die richtige innere Haltung haben, die uns in einen Zustand der «inneren Empfänglichkeit» versetzt, auf den ich später noch zurückkommen werde. Ich werde sechs Haltungen oder Einstellungen aufzählen, die mir unerlässlich erscheinen und die eng untereinander verbunden sind.

1. Die erste besteht im *Gebet*. *«Bittet, dann wird euch gegeben; [...] klopft an, dann wird euch geöffnet»*, sagt der Herr im Evangelium.[41] Der heilige Paulus sagt: *«Hört nicht auf, zu beten und zu flehen. Betet jederzeit im Geist; seid wachsam, harrt aus.»*[42]

Neben der Treue zu den persönlichen Gebetszeiten, dem Hören auf Gott, sollte man eine große Sehnsucht haben, Gott

41 Lk 11,9.
42 Eph 6,18.

anzugehören und ihn in allen Dingen zu lieben; sich so viel wie möglich in seiner Gegenwart aufzuhalten und in jedem Aspekt unseres Lebens, sei dieser nun gut oder schlecht, einen Anlass zu finden, um mit Gott in einen Dialog zu treten. Ich kann nichts Besseres tun, als dazu einen Text von Bruder Lorenz von der Auferstehung zu zitieren, der im 17. Jahrhundert Laienbruder im Karmelitenkloster in Paris war:

> «Die heiligste, einfachste und notwendigste Übung des geistigen Lebens ist die der Gegenwart Gottes. Das bedeutet, sich in der göttlichen Gesellschaft wohlzufühlen und sich an sie zu gewöhnen; sich immer und jederzeit in aller Bescheidenheit und voller Liebe mit ihm zu unterhalten, ohne Regel oder Maß. Das gilt vor allem in Zeiten der Versuchung, des Leidens, der Trockenheit, des Überdrusses und sogar der Untreue und der Sünde. Man sollte sich unterschiedslos immer weiter Mühe geben, damit all unsere Handlungen eine Art kleine Unterhaltungen mit Gott seien. Diese sollen jedoch nicht einstudiert sein, sondern so, wie sie der Reinheit und Einfalt des Herzens entspringen.»[43]

2. Eine zweite grundlegende Haltung, die wir uns zu eigen machen sollten, ist die des Glaubens. Dieser hat zwei untrennbare Seiten: Glaube als *Vertrauen* und Glaube als *Gehorsam der Wahrheit gegenüber.* Ein totales Vertrauen in Gott bedeutet, uns ganz und gar wie kleine Kinder in seine Hände zu geben, selbst in den schwersten Stürmen (siehe das Evangelium vom Sturm auf dem See).[44] Gleichzeitig bedeutet der Glaube eine große Sehnsucht, die Wahrheit aufzunehmen und sich ihr zu unterwerfen, wie der heilige Petrus es so schön ausdrückt: *«Der Wahrheit gehorsam, habt ihr euer Herz*

---

43 Conrad de Meester, O.C.D., Frère Laurent de la Résurrection, *Ecrits et entretiens sur la pratique de la présence de Dieu*, Cerf, 1991. Ins Deutsche übertragen nach dem Zitat in der französischen Fassung dieses Buches (Jacques Philippe, *Appelés à la vie*).

44 Mk 4,35-40.

rein gemacht» (1 Petr 1,22). Die kleine Therese sagte: «Ich habe nie etwas anderes als die Wahrheit gesucht.»[45] Ich glaube, dass die Aufrichtigkeit in dem Streben nach Wahrheit (dass man in Beziehung zu sich selbst, zu den Mitmenschen, zu den verschiedenen Situationen und zu Gott in der Wahrheit ist) eine der stärksten Antriebskräfte des geistigen Fortschritts ist. Das kann man zum Beispiel im Leben von Etty Hillesum feststellen: Obwohl sie anfänglich ein ziemlich unbestimmtes Moral- und Gefühlsleben hat, gelangt die junge Frau innerhalb von wenigen Jahren zu einer sehr unverfälschten Gotteserfahrung und zeigt eine bewundernswerte Hingabe an den Nächsten. Grund dafür war ihr sehr großer Anspruch auf Wahrheit, wie es ihr Tagebuch bezeugt.[46] Dieser Wunsch nach Wahrheit drückt sich am authentischsten in der *Demut* aus. Diese besteht darin, sich selbst in Frage stellen zu können; seine eigenen Fehler zuzugeben; anpassungsfähig zu sein und sich erziehen zu lassen vom Leben und von den Mitmenschen; sich nicht im «Hochmut der Rechthaberei» einzuschließen und in der Anmaßung, immer das letzte Wort haben zu wollen. Letztere wirken sich in den Beziehungen zwischen den Menschen so verheerend aus und hindern einen so oft daran, zur Wahrheit zu gelangen.

Im Glauben voranzugehen, bedeutet auch, *in eine gewisse Dunkelheit einzuwilligen.* Damit akzeptiert man, dass man nicht alle Antworten hat, die man gerne bekommen würde. Das ist frustrierend für uns, denn es rührt an ein tiefes psychologisches Bedürfnis, nämlich an das Bedürfnis nach Sicherheit. Wir geben uns der Selbsttäuschung hin, dass wir uns sicher, ruhig und friedlich fühlen würden, wenn wir auf all unsere Fragen eine Antwort hätten. Das bedeutet, dass wir

---

45 Sainte Thérèse de Lisieux, *Derniers entretiens*, Datum vom 30. September.
46 Etty Hillesum, *Das denkende Herz*, Rowohlt, 2006.

unsere Sicherheit in unsere Fähigkeiten setzen und in unseren Verstand, mit dem wir die Situationen meistern wollen. Das ist ein Fehler. Die Haltung des Glaubens und der Demut besteht darin, anzunehmen, dass wir nicht alles wissen. Sie besteht darin, dass wir die eigenen Grenzen erkennen und unsere wahre Sicherheit in Gott allein setzen.

Um es mit einem Beispiel zu sagen, das mir öfter begegnet ist: Menschen, die den schmerzhaften Abbruch einer Beziehung hinter sich haben, tun sich oft schwer damit, auf Aufrufe Gottes zur Vergebung zu antworten. Sie tun sich schwer damit, weiterzugehen und nicht in ihrem Leiden eingeschlossen zu bleiben, denn sie wollen unbedingt alles verstehen, was vorgefallen ist. Sie wollen wissen, warum der andere sich so verhalten hat, warum sie «fallengelassen» worden sind usw. Man wäre wohl bereit, zu vergeben und zu vergessen, doch nur unter der Bedingung, dass man wenigstens eine abschließende Erklärung bekäme, die die Sache verständlicher machen würde. Doch das ist oft unmöglich. Der einzige Weg, um voranzukommen, besteht dann darin, es zu akzeptieren, dass man keine Antwort auf Fragen hat, die man doch für normal hält. Er besteht darin, es Gott zu überlassen, das ans Licht zu bringen, was ans Licht kommen soll, und zwar wie er es will und wann er es will. Dieses «Loslassen» ist schwierig, doch heilbringend.

3. Der dritte Punkt besteht darin, *im gegenwärtigen Augenblick zu leben.* Es anzunehmen, dass die Antworten Gottes nicht immer Lösungen auf lange Sicht, sondern einfach eine kleine Orientierungshilfe «nur für heute» sind. Für unser Bedürfnis, alles voraussehen zu wollen, ist dies sicher frustrierend. Doch zum Leben reicht es aus — wenn wir unser Vertrauen in Gott setzen.

Zu diesem Thema gefällt mir ein Ausschnitt aus dem Gedicht *Die dunkle Nacht* vom heiligen Johannes vom Kreuz besonders gut:

> «In der seligen Nacht,
> insgeheim, so dass mich keiner sah,
> und ich selber nichts gewahrte,
> ohne anderes Licht und Geleit,
> außer dem, das in meinem Herzen brannte.
> Dieses führte mich
> sicherer als das Mittagslicht [...]»[47]

Die Seele bahnt sich den Weg durch die Nacht, ohne sich des hellen Tageslichtes zu erfreuen, indem sie einfach dieser kleinen Flamme des Glaubens, der Hoffnung und der Liebe folgt, die in ihrem Herzen brennt. So fühlt sie sich weitaus sicherer, als wenn sie bei hellem Lichte dahingehen würde. Folgen wir den Fingerzeigen auf die bescheidenen Handlungen des Glaubens, der Hoffnung und der Liebe, zu denen uns der Heilige Geist im Alltag inspiriert. Das ist ausreichend, um uns auf einen sicheren Pfad zu lenken. Man irrt sich nicht, wenn man glaubt, hofft und liebt. Vergessen wir die Vergangenheit und versuchen wir nicht, in die Zukunft zu sehen. Gott spricht im gegenwärtigen Augenblick und für den gegenwärtigen Augenblick. Es bringt nichts, erkennen zu wollen, was wir vor zehn Jahren hätten tun sollen, oder was wir in fünf Jahren tun sollen. Suchen wir nach der richtigen Haltung nur für heute — das ist ausreichend.

Ein Aspekt dieser Fähigkeit, im Heute zu leben, ist eine große Anpassungsfähigkeit und eine große Gelassenheit, was

47 Johannes vom Kreuz, *Die dunkle Nacht, Die Gedichte*, Johannes Verlag, Einsiedeln, 2003.

unsere Vorhaben und Planungen anbelangt. Wir versuchen immer, unser Leben zu beherrschen und zu kontrollieren, was ein Irrtum ist. Das drückt sich oft in einer großen Unflexibilität in Bezug auf unseren Tagesablauf, unseren Zeitplan und unsere Vorhaben aus. Natürlich ist es wünschenswert, ein gut organisiertes Leben zu führen und einen gut organisierten und genauen Terminkalender zu haben. Vorausgesetzt, dass wir viel Freiheit und Flexibilität bewahren, damit wir uns von etwas Unvorhergesehenem aus dem Trott bringen lassen und es annehmen können. Wenn wir uns zu sehr an unsere Planung klammern, dann laufen wir Gefahr, an vielen Anrufen Gottes vorbeizulaufen, deren Hören eine ständige Anpassungsfähigkeit und Bereitschaft erfordern. Vor einigen Jahren war ich sehr beeindruckt von dem Zeugnis einer Ordensfrau, die vom Heiligen Geist erfüllt war. Ich habe Schwester Elvira bei Exerzitien für Priester in Medjugorje kennengelernt. Sie hat ein wunderbares Werk gegründet, das jugendliche Drogenabhängige aufnimmt. Sie sagte uns etwas, das gerade wir Priester nötig hatten, zu hören: «Ich bin immer bereit, in den kommenden fünf Minuten genau das Gegenteil von dem zu tun, was ich geplant hatte!»

4. Eine weitere unerlässliche Haltung besteht darin, die Situation zu bejahen, in der wir uns gerade befinden, insbesondere das *Leiden*. Dies ist ein heikles Thema. Es geht nicht darum, passiv jede Situation zu akzeptieren, und noch weniger darum, das Leiden zu suchen. Wir sollen jedes Leiden erleichtern, bei dem wir helfen können. Ebenso wenig geht es darum, in einer verkehrten Spiritualität das Leiden als solches zu kanonisieren. Es ist nicht das Leiden, das uns rettet, sondern die Liebe.

So gibt es ein unausweichliches Maß an Leiden und Kampf, das ein wesentlicher Teil des Lebens ist. Diesen Teil soll man geduldig annehmen, im Glauben und in der Hoffnung, und seine Kraft bei Christus suchen. Das Evangelium fordert uns klar dazu auf. Paulus sagt zu seinem Schüler Timotheus: «[…] *leide mit mir für das Evangelium. Gott gibt dazu die Kraft.*» (2 Tim 1,8) Die gleiche Tonart herrscht beim heiligen Petrus, der uns auffordert, uns nicht davon verwirren zu lassen, wenn wir Zeiten der Prüfung durchmachen:

> *«Statt dessen freut euch, dass ihr Anteil an dem Leiden Christi habt; denn so könnt ihr auch bei der Offenbarung seiner Herrlichkeit voll Freude jubeln.»* (1 Petr 4,13)

Ich möchte mich bei diesem Thema, das ich schon andernorts behandelt habe,[48] nicht lange aufhalten, sondern nur einige Anmerkungen machen. Es ist immer eine schwierige Bekehrung, ein Leiden anzunehmen — doch es macht das Leben einfacher. Im Gegenzug erschwert es das Leben sehr, wenn man das Leiden ablehnt. Dies zwingt uns nämlich unablässig dazu, ausgeklügelte und ermüdende Strategien anzuwenden, um den Schmerz zu vermeiden. Oder aber es nährt in uns Verbitterung, Auflehnung und Schuldzuweisungen, die unser Herz vergiften und uns eher erschöpfen, als unsere Probleme zu lösen. Oft gibt es an sich ziemlich einfache Situationen, die wir schlichtweg dadurch extrem verkomplizieren, dass wir das Leiden ablehnen.

Man wirft dem Christentum oft vor, doloristisch zu sein. Doch ich frage mich, wer letzten Endes doloristischer ist: Derjenige, der mit einem widerstandsfähigen Glauben die Schwierigkeiten des Lebens annimmt? Oder derjenige, der seine Zeit damit verbringt, zu jammern und alle Probleme zu

48 In meinem Buch *Die innere Freiheit*, Parvis-Verlag, 2000.

beklagen, denen man im persönlichen oder sozialen Leben begegnen kann?

Die moderne westliche Kultur ist geprägt von einer radikalen Ablehnung des Leidens, was sehr verdrehende Auswirkungen hat. Diese Ablehnung führt jeden, der leidet, in die Position eines Kranken oder eines Opfers. Dies zerstört die sozialen Beziehungen, wie wir es weiter unten sehen werden. In der christlichen Welt herrschen manchmal vielleicht etwas unausgewogene Ansichten zum erlösenden Leiden vor. Doch das gegenwärtige Abstreiten jeglichen positiven Sinnes, der mit dem Leiden verbunden sein könnte, verursacht weit schlimmere Schäden. Es wäre lehrreich, zu untersuchen, wie das Leiden in den verschiedenen aktuellen Geisteshaltungen interpretiert wird. Oft wird es pathologisiert, d. h. implizit als Krankheit betrachtet. Es ist eine Sache, dass jemand, der leidet (der etwa trauert), Hilfe und Begleitung nötig hat. Es ist eine andere Sache, wenn man diese Person mehr oder weniger als jemanden betrachtet, der sich in einem anormalen Zustand befindet und eine psychologische Therapie braucht. Heutzutage herrscht manchmal auch ein gewisses zwanghaftes Kreisen um die Heilung vor, das symptomatisch ist für diese Pathologisierung des Leidens. Man möchte gerne von allem geheilt werden! Ich habe in einer christlichen Zeitschrift eine Werbung für Exerzitien gesehen mit folgendem Titel: «Geheilt werden von seiner Familie!» Ich bezweifle keineswegs die guten Absichten der Organisatoren dieser Exerzitien. Sie wollen den Menschen helfen, von den Verletzungen, die sie in der Familie empfangen haben, heil zu werden. Doch ich war überrascht von dieser Überschrift. Die Familie ist keine Krankheit. Ich warte nur darauf, eines Tages auf Exerzitien mit dem Titel «Heil werden vom Leben» zu stoßen! Der einzige Weg, vom Leben zu genesen, ist zu sterben!

Manchmal steht hinter dem Zwang zur Heilung die Ablehnung des Lebens, so wie es ist. Vergessen wir nicht, dass beim heiligen Franziskus kurz vor seinem Tod zwölf verschiedene Krankheiten diagnostiziert wurden. Das hat ihn nicht daran gehindert, ein Heiliger zu sein.

Es ist auch eindeutig die Tendenz dazu festzustellen, sich selbst als Opfer zu sehen. Das Leiden wird von vorne herein abgelehnt, es wird immer als etwas Ungerechtes betrachtet. Jeder leidende Mensch hält sich also für das Opfer eines anderen. Diese Sichtweise trägt zu einer sehr kindischen und unrealistischen Anspruchshaltung bei, die eine Wiedergutmachung erwartet.

Ich wiederhole noch einmal, dass man natürlich jedes Leiden erleichtern soll, bei dem man helfen kann. Das Evangelium ist in diesem Punkt ganz eindeutig, wenn es uns dazu auffordert, die Hungernden zu speisen und die Nackten zu bekleiden. Doch man muss auch dem Anteil an Leiden zustimmen, der für jeglichen menschlichen und geistigen Fortschritt notwendig ist. Nur ein Leiden, das angenommen wird, kann die menschliche Psyche ihrem noch verbleibenden Egoismus entreißen, sie in ihrem Innersten verwandeln und sie zum geistigen Leben hinschwenken lassen, d. h. zur Dynamik der Gaben Gottes. Um menschlich zu wachsen, müssen wir uns vom Leiden bearbeiten lassen. Es macht uns auch offen für das Geheimnis Gottes: *«Nahe ist der Herr den zerbrochenen Herzen.»* (Ps 34,19)

Eine letzte Bemerkung: Das Einwilligen in das Leiden ist auch eine Quelle des Friedens. Nur die Stimmung des Friedens erlaubt es uns, auf die Anrufe Gottes zu hören und sie zu erkennen. In der Unruhe, der Auflehnung, der Sorge ist unser Unterscheidungsvermögen immer beeinträchtigt.

5. Eine weitere Haltung, die notwendig ist, um die Anrufe Gottes zu erkennen, ist die Bereitschaft, sein Herz zu öffnen und sich begleiten zu lassen. Niemand genügt sich selbst. Gott, so sagt es der heilige Johannes vom Kreuz, wollte, dass wir einander brauchen: «Gott liebt es außerordentlich, dass die Menschen geleitet und gelenkt werden von anderen Menschen, die ihnen gleich sind.» Um die Anrufe zu verstehen, die Gott an uns richtet, ist es sehr wichtig, von Zeit zu Zeit eine Begleitung in Anspruch zu nehmen. Es ist wichtig, mit jemandem in aller Aufrichtigkeit und Wahrheit darüber zu sprechen, was wir erleben. Unser Beweggrund sollte es sein, unser Leben und unsere Entscheidungen in das Licht Gottes zu stellen. Die simple Tatsache, das in Worte zu fassen, was wir durchleben, ist bereits sehr wohltuend. Wenn wir das, was in uns wohnt, in einer Weise ausdrücken, die ein anderer verstehen kann, dann leitet es uns aus dem Bereich der Gefühle zur Objektivität der Sprache über. Das erlaubt es oft, viele Dinge klarer und einfacher und weniger dramatisch zu machen. Und vor allem steckt hinter dem Schritt, sich begleiten zu lassen, eine Haltung der Demut (ich bin nicht in der Lage, ganz alleine zu der tiefsten Wahrheit meines Lebens vorzustoßen) und des Vertrauens (dem Vertrauen in die von Gott gewollten Vermittlungen durch andere Menschen und durch die Kirche), die sehr segensreich ist und die Gott nur gutheißen und segnen kann.

6. So wollen wir schließlich eine sechste Grundhaltung betrachten, die das Erkennen der Anrufe Gottes sehr fördert: Das Bemühen darum, in einer Atmosphäre der Danksagung zu leben. Dieses Thema werde ich länger ausführen als die vorhergehenden Punkte, weil es so wichtig ist.

In der Danksagung verharren

«Danket für alles; denn das will Gott von euch, die ihr Christus Jesus gehört.» (1 Thess 5,18) Diese Ermahnung des heiligen Paulus an die Thessaloniker greift die Einladung zum Lobpreis auf, die wir so häufig in den Psalmen finden: *«Ich will den Herrn allezeit preisen; immer sei sein Lob in meinem Mund.»* (Ps 34,2) Die Danksagung ist nicht eine Gebetsform, die man von Zeit zu Zeit praktizieren sollte. Sie sollte vielmehr zu einer Haltung des Herzens werden, zu einer Lebenseinstellung, zu einer Art und Weise, wie wir uns dem Leben stellen.

Das ist nicht so einfach, in die Tat umzusetzen. Wenn wir dem Ärgernis des Bösen gegenüber stehen, wenn uns ein Unglück trifft oder einen Angehörigen berührt, dann fällt es uns ziemlich schwer, in dieser Haltung des Lobpreises zu bleiben. Dazu möchte ich gerne die Gedanken eines jungen Philosophen wiedergeben, der Jude und Katholik ist, Fabrice Hadjadj. Ich bin ihm vor einigen Jahren bei einem «Café littéraire» in Paris begegnet. Während einer Debatte tauchte die Frage auf: «Kann man nach Auschwitz noch den Herrn loben und preisen?» Er hat darauf folgende Antwort gegeben:

> «Wenn wir Gläubigen nach den Horrortaten der Nazis aufhörten, Gott zu lieben und ihn zu preisen, dann hieße das ganz einfach, dass Hitler gewonnen hätte. Jeder hat die Freiheit, so zu reagieren, wie er es empfindet. Doch ich für meinen Teil möchte den Sieg nicht Hitler überlassen. Ich möchte deshalb weiter mein ganzes Leben lang Gott preisen, komme, was wolle!»

Der Lobpreis drückt das Vertrauen aus, dass die Liebe stärker ist als der Hass, das Licht stärker als das Dunkel und das letzte Wort in der menschlichen Geschichte nicht der Triumph des Bösen sein wird, sondern der Sieg des Guten. Wir haben die Gewissheit, dass eines Tages *nichts mehr übrig bleiben wird* vom Bösen! «Die Sünde ist unausweichlich, doch alles wird gut ausgehen! Alles wird gut, alles, was es auch sei, wird gut ausgehen!» sagte im Mittelalter Jesus zu Juliane von Norwich.[49] Das Böse besitzt keine wirkliche Konsistenz, keine Beständigkeit; eines Tages wird keine Spur mehr davon in unserem Leben zu finden sein. Nur das Gute gilt in Ewigkeit.

Den Namen Gottes heiligen

Ohne Zweifel enthält dieser Aufruf, in jeder Lage den Namen Gottes zu preisen, den anspruchsvollsten und schwierigsten Anruf, der sich an den Menschen richten kann. Doch es ist auch der schönste Anruf, der den Menschen zu seiner wahren Größe gelangen lässt. Er lässt ihn seine Freiheit und seine unvergleichliche Würde in der höchsten Form verwirklichen. Wenn ein Mensch angesichts des Fehlschlagens seines Lebens oder angesichts der Ärgernisse und Ereignisse — auch wenn Gott seine Verheißungen Lügen zu strafen scheint und wenn nichts mehr im Leben verständlich scheint — dazu fähig ist, trotz allem auszurufen: «Gelobt sei der Name des Herrn!», dann verwirklicht er den größten Akt der Freiheit und der Liebe, den es geben kann. Er tritt ein in die Größe eines Herrschers. Es ist, als wäre er über all dem angesiedelt, was dem menschlichen Mittelmaß zu eigen ist: dem Egoismus, dem Feilschen, der Berechnung, der Engstirnigkeit und den allzu irdischen Hoffnungen.

Das ist die Berufung Israels: *Kiddush haShem*, die Heiligung des Namens Gottes. Und deshalb hat es der Widersacher Gottes so erbittert bekämpft. Man kann ohne Ende alle Entsetzlichkeiten des Zweiten Weltkriegs beklagen und aufrechnen. Doch man kann nicht umhin, die bewegende Größe

49 Julienne de Norwich, *Le livre des révélations*, Cerf, 1992, S. 105.

der vielen gläubigen Juden anzuerkennen, die aus ihren Ghettos oder ihren Dörfern aus ganz Mitteleuropa gerissen wurden und das *Schma Israel* rezitierend in die Krematorien gegangen sind. Sie waren das vielfache Echo der Stimme Hiobs, der, als er den Auswüchsen des Bösen ausgeliefert war, den Herrn nicht verfluchte, wie es seine Frau ihm einreden wollte, sondern ausrief: *«Der Herr hat gegeben, der Herr hat genommen; gelobt sei der Name des Herrn.»* (Hiob 1,21) Zu dieser Berufung Israels sollen wir Christen, die wir jeden Tag im Vaterunser «Geheiligt sei Dein Name» sprechen, voll und ganz stehen. Unsere Größe und unsere Verantwortlichkeit bestehen darin, stets den Namen des Herrn zu loben. Die kleine Therese sagte gegen Ende ihres Lebens: «Diese Worte Hiobs "*Er mag mich töten, ich harre auf ihn*" haben mich seit meiner Kindheit entzückt.»[50]

Wenn die «Enkelkinder» des himmlischen Vaters diesem Aufruf zur Heiligung des Namens Gottes nachkommen, dann errichten sie einen uneinnehmbaren Wall gegen die Mächte des Bösen, wie es der achte Psalm so schön sagt:

> *«Herr, unser Herrscher, wie gewaltig ist dein Name auf der ganzen Erde; über den Himmel breitest du deine Hoheit aus. Aus dem Mund der Kinder und Säuglinge schaffst du dir Lob, deinen Gegnern zum Trotz; deine Feinde und Widersacher müssen verstummen.»* (Ps 8,2-3)

Den Herrn loben bedeutet, unseren Glauben und unsere Hoffnung auszudrücken und sie größer und ansteckender werden zu lassen. Es bekräftigt unser Vertrauen in den tiefen Wert des Lebens und in seine Schönheit. Die höchste Art und

---

50 Gleichzeitig setzt sie hinzu (was uns tröstlich erscheint): «Es hat lange gedauert, bis ich diesen Grad der Hingabe erreicht hatte.» *Letzte Gespräche*, Datum vom 7/7.

Weise, einander Barmherzigkeit zu erweisen, besteht darin, sich gegenseitig im Glauben und in der Hoffnung zu bestärken. Das ist auch die Aufgabe des liturgischen Lobpreises im Leben des Gottesvolkes, des Alten wie des Neuen Bundes. Er wird so zu einer wahren Nahrung für die Seele, wie es im Psalm 63 heißt:

> *«Ich will dich rühmen mein Leben lang, in deinem Namen die Hände erheben. Wie an Fett und Mark wird satt meine Seele, mit jubelnden Lippen soll mein Mund dich preisen.»* (Ps 63,5-6)

Ich glaube auch, dass das Ausüben des Lobpreises und der Danksagung ein mächtiges Mittel ist, um uns in der Demut wachsen zu lassen. Denn durch diese verzichten wir darauf, uns selbst jedweden Verdienst anzurechnen. Wir erkennen an, dass uns alles umsonst geschenkt wird. Was in unserem Leben gut und schön ist, geht aus der Großzügigkeit der Liebe Gottes hervor — und nicht aus unserem eigenen Verdienst. Pater Raniero Cantalamessa sagt dazu Folgendes:

> «Der Lobpreis opfert und zerstört den Stolz des Menschen. Wer Gott lobt, opfert ihm das denkbar angenehmste Opfer auf: seine eigene Ehre. Darin besteht die außerordentlich reinigende Macht des Lobpreises. Im Lobpreis verbirgt sich die Demut.»

Anspruchshaltung oder Dankbarkeit?

Ein weiterer sehr wichtiger Punkt: Diese Ausübung des Lobpreises und der Dankbarkeit hilft uns dabei, von einer Opferhaltung zu einer verantwortlichen Haltung zu gelangen. Hier berühren wir ein sehr aktuelles Problem.

Wie ich es bereits gesagt habe, bin ich darüber verwundert, dass der westliche Mensch immer mehr die Tendenz dazu hat, sich als Opfer zu sehen. Man verbringt seine Zeit damit, sich zu beklagen, etwas einzufordern oder zu beanspruchen. Da es weder Glauben noch Gottvertrauen mehr gibt, wird jede Schwierigkeit, jedes Leid als eine Anomalie erlebt, wenn nicht sogar als Ungerechtigkeit. Man lehnt jedes Leiden ab, man träumt von einem Leben ständiger Befriedigung, ohne Schmerzen und ohne Kämpfe. Jedes Mal, wenn man mit einer Prüfung in Berührung kommt, sucht man einen Schuldigen, dem man die Verantwortung für das Problem aufhalsen kann und der für das Leid bezahlen soll. Das hat man in Frankreich in den letzten Jahren gut sehen können. Bei der geringsten Überschwemmung oder Hitzewelle erhebt sich eine Flut von Anschuldigungen gegen die Regierung, die nicht das getan hat, was sie hätte tun sollen, um die Plage zu verhindern. Als ob der Staat die Pflicht und die Möglichkeit hätte, allen Bürgern ein Leben ohne Probleme zu garantieren und das Glück aller zu gewährleisten!

Eine Folge daraus ist die Entwicklung einer prozesswütigen Mentalität. Natürlich ist es legitim, manchmal ein Recht vor einem Gericht einzufordern oder die Wiedergutmachung einer ernsten Ungerechtigkeit zu verlangen. Doch sobald jemand heute ein Leid durch einen Dritten erlitten hat (Familie, Erzieher u. a.), glaubt er sich dazu berechtigt, diese Person vor einen Richter zu ziehen, um eine Wiedergutmachung zu erhalten — anstelle auf verantwortliche und vertrauensvolle Art und Weise die schwierigen Situationen im Leben anzunehmen, das erlittene Unrecht zu vergeben und sein Leben selbst in die Hand zu nehmen. Vor kurzem haben Leute einen Prozess gegen einen Arzt angestrengt und gewonnen, der bei einer vorgeburtlichen Untersuchung die Behinderung ihres kleinen Bruders nicht diagnostiziert hatte. Die Gegenwart dieses behinderten Kindes und die Schwierigkeiten der Eltern, diese Behinderung anzunehmen, hätten ihnen einen Schaden zugefügt! Diese Art von Haltung ist offensichtlich zerstörerisch für das soziale Leben. Es träufelt überall das Gift des Misstrauens und des Anspruchsdenkens ein. Die Ärzte werden aus Angst vor Prozessen schließlich keine Heilkunst mehr ausüben wollen, und niemandem wird dabei geholfen sein, vor allem nicht den Kranken.

Heutzutage ist es eine ganze Kultur, die die Menschen dazu verleitet, sich als Opfer zu betrachten, Prozesse anzustrengen, zu behaupten, dass immer der andere der Schuldige ist, ohne Unterlass anzuklagen und einzufordern. Für denjenigen, der in diese Falle geht, kann das verhängnisvoll sein.

Lobpreis und Dankbarkeit sind die beste Medizin gegen die negativen Folgen dieser Positionierung als Opfer, die ich eben beschrieben habe. Sie bringen uns dazu, uns gegenüber dem Leben in eine ganz andere Perspektive zu stellen. Sie helfen uns, das Leben voller Vertrauen so anzunehmen, wie es sich darbietet, sogar mit seiner Last an Schmerzen und Schwierigkeiten — anstelle Forderungen aufzustellen, uns zu beklagen und Ansprüche zu stellen. Sie hindern uns daran, eine anschuldigende Haltung denen gegenüber einzunehmen, die uns enttäuschen oder die uns Leiden verursachen, und sie hindern uns daran, ständig nach einem Sündenbock zu suchen, an dem wir unseren Groll und unsere Bitterkeit auslassen können. Lobpreis und Dankbarkeit lassen uns verstehen, dass es nicht in erster Linie darauf ankommt, «das Leben zu ändern», wie vor einigen Jahren der illusorische Wahlspruch einer bestimmten politischen Partei lautete. Sondern dass es darum geht, unsere Haltung gegenüber dem Leben zu verändern. Von Angst, Misstrauen und Schuldzuweisung überzugehen zu Annahme und zu Vertrauen. Dazu überzugehen, das Leben gläubig als eine Gabe zu empfangen, auch wenn es anders ist, als wir es erwartet haben. Wenn wir dieses Vertrauen in die Tat umsetzen, dann werden wir ziemlich schnell die Erfahrung machen, dass das wirkliche Leben schließlich viel schöner ist als das, was wir uns in unseren unrealistischen Erwartungen erträumt hatten.

Darin liegt ein grundlegendes geistiges Prinzip, das wir auch im Evangelium in Worte gefasst wiederfinden. Jesus spricht diese geheimnisvollen Worte:

> *«Ich sage euch: Wer hat, dem wird gegeben werden; wer aber nicht hat, dem wird auch noch weggenommen werden, was er hat.»* (Lk 19,26)

Christus spricht hier eines der wichtigsten Gesetze aus, die das menschliche Leben bestimmen. Für denjenigen, der eine Haltung des Forderns und der Unzufriedenheit einnimmt, und der sich darüber beklagt, dass das Leben nicht so ist, wie es sein sollte, für den wird sich das Leben als enttäuschend erweisen. Derjenige hingegen, der glücklich ist mit dem, was er erhalten hat, der Gott für alles dankt, was seinen persönlichen Weg ausmacht, der wird noch mehr erhalten und wird schließlich ganz erfüllt werden.

Ich begegne oft Menschen, die ständig mit dem Leben auf Kriegsfuß stehen. Sie finden auf alles ein Widerwort, sind niemals zufrieden und egal in welchem Zusammenhang, sie werden immer der Meinung sein, dass die Dinge nicht so laufen, wie sie sollten. Ihr Leben besteht aus fruchtlosen Kreuzzügen. Wurzel dieser Haltung ist oft etwas wie eine unbewusste Wut, sogar eine gewisse Gehässigkeit, die diesen Menschen zumindest zeitweilig eine große Energie verleihen kann. Sie kann auch ganz den Anschein von Großzügigkeit und Gerechtigkeitssinn haben. Doch ich glaube nicht, dass das auf lange Sicht sehr produktiv ist. Nur das bringt Frucht, was von der Liebe ausgeht. Hinter der oben beschriebenen Tendenz steht oft die Erfahrung des Verlassenseins, einer tiefen Enttäuschung aus der Kindheit, die der Betreffende niemals wirklich verwunden hat. In solch einer Situation ist psychologische Hilfe manchmal notwendig. Ich glaube, dass darüber hinaus der Hinweis auf das Üben von Dankbarkeit und Lobpreis sehr hilfreich sein kann.

Wenn die Dankbarkeit zur grundlegenden Verfassung unseres Herzens wird, dann werden wir von viel Bitterkeit und Enttäuschung geheilt werden, und wir werden endlich glücklich sein.

> *«Meine Seele preist die Größe des Herrn, und mein Geist jubelt über Gott, meinen Retter. Denn auf die Niedrigkeit seiner Magd hat er geschaut. Siehe, von nun an preisen mich selig alle Geschlechter.»* (Lk 1,46-47)

Bitten wir Maria, die Jungfrau des Magnifikats, uns zu helfen, in diese Haltung zu kommen. Sie hat nie aufgehört, Dank zu sagen und hat sich so immer mehr der Gabe Gottes geöffnet und immer mehr die Großzügigkeit und das Wohlwollen Gottes erfahren. Marthe Robin[51] hat gesagt: «Eine Seele, die nicht dankt, ist eine kranke Seele.» Dieses Wort will uns nicht verurteilen: Es ist normal, manchmal krank zu sein, auch im geistigen Leben. Doch man soll die Heilung suchen. Möge Maria uns die Danksagung als einen Weg der geistigen Gesundung entdecken lassen!

Ich bin davon überzeugt, dass jemand, der sich darum bemüht, ständig in der Danksagung zu leben, sehr rasch ein Heiliger werden würde. Denn dies ist die machtvollste geis-

---

51 Eine stigmatisierte, französische Mystikerin, die in Chateauneuf-de-Galaure gelebt hat (1902-1981) und Gründerin der Foyers de Charité ist. Ihr Wirken und ihre Ausstrahlung waren unauffällig, doch von enormer Reichweite.

tige Haltung, um das Herz rein zu machen und es offen zu machen für das göttliche Handeln. Wenn man sich in dieser inneren Verfassung befindet, dann gibt es keinen Platz mehr für Nabelschau, Bedauern, Eifersucht, Bitterkeit oder Rachegelüste. Das Böse hat keinen Zugriff mehr auf ein Herz, das in der Danksagung ist.

Um diesen Punkt abzuschließen und zu unserer Kernfrage zurückzukommen, möchte ich Folgendes sagen: In dem Maße, in dem uns unsere Ansprüche und unser Misstrauen für die Anrufe und Gaben Gottes verschließen und uns daran hindern, diese wahrzunehmen, in dem gleichen Maße erlauben uns umgekehrt die Dankbarkeit und das Vertrauen, diese zu erkennen und anzunehmen.

Diese Haltung der Dankbarkeit findet ihren höchsten Ausdruck und gleichzeitig ihre stärkste Nahrung und Ermutigung in der Feier der Eucharistie. Sie ist die Danksagung schlechthin, in der die Kirche sich mit Christus in der Danksagung vereint, der seinen Vater für die Fülle seiner Liebe und Wohltaten preist. Papst Johannes Paul II. sagte in seiner Enzyklika über die Eucharistie: «Die Eucharistie ist uns gegeben, damit unser Leben, so wie das Leben Marias, ganz und gar ein *Magnificat* sei!»[52] Möge es so sein!

52 Johannes Paul II., *Ecclesia de Eucaristia*, Nr. 58.

5. Gehorsam gegenüber den Menschen und gegenüber dem Heiligen Geist

«Ich unterweise dich und zeige dir
den Weg, den du gehen sollst.
Ich will dir raten; über dir wacht mein Auge.» (Ps 32,8)

In den vorhergehenden Kapiteln wurden zwei wichtige Arten der Vermittlung betrachtet, durch die die Anrufe Gottes uns erreichen: Das Wort Gottes und die Ereignisse des Lebens. Es sind nicht die einzigen. Ich möchte jetzt gerne in etwas kürzerer Form zwei weitere Arten der Vermittlung zur Sprache bringen: Die Anliegen der anderen und die inneren Eingebungen des Heiligen Geistes. Vieles von dem, was bereits gesagt wurde, lässt sich auf diese beiden Wirklichkeiten anwenden.

Die Anliegen der anderen

Natürlich ist nicht jedes Anliegen, das ein anderer an uns richtet, als ein Anruf Gottes zu verstehen. Es gibt Bitten, die schlecht oder unrechtmäßig sind. Dann haben wir durchaus das Recht (und manchmal die Pflicht), ihnen nicht nachzukommen.

Doch es geschieht sehr oft, dass das eine oder andere Ansuchen an uns die Vermittlung eines Anrufes Gottes ist, einer Einladung zu wachsen oder mehr zu lieben. Zum Glück gibt es die anderen, die uns manchmal ein wenig aufrütteln und daran hindern, uns in unserer Beschränktheit einzuschließen. Ihre Bedürfnisse und Bitten (seien sie stumm oder ausgesprochen) übermitteln oft einen Anruf Gottes. Es ist schön, auf ihn zu antworten.

Es ist nicht leicht, in diesem Bereich herauszufinden, was richtig ist. Man kann nicht für jede Situation gültige Kriterien aufstellen.

Manchmal verschließt man sich den Erwartungen des anderen gegenüber — aus Angst, aus Trägheit oder aus Egoismus. Damit beraubt man sich guter Gelegenheiten, um zu wachsen und intensiver zu leben. Man sollte sich dessen bewusst sein, dass der Mensch sich absolut nicht selbst verwirklichen kann, ohne Verbindungen herzustellen, Verpflichtungen einzugehen, mit anderen einen Bund zu schließen und treu zu sein. Diese Treue mag manchmal etwas kosten, doch sie ist der einzige Weg, der es dem Menschen möglich macht, vor seinem Egoismus gerettet zu werden. Das muss man immer wieder mit Bestimmtheit bekräftigen — in einer Gesellschaft, in der der vorherrschende Glaube der ist, dass jede Bindung (die eheliche Bindung etwa) ein Gefängnis und eine Freiheitsberaubung darstellt. Das Gegenteil ist der Fall: Das Band der echten Treue ist die Errettung der Freiheit.[53]

Es kann auch vorkommen, dass man in das entgegengesetzte Extrem verfällt, nämlich zu sehr von den Erwartungen und Bitten der anderen abhängig zu sein. Aus psychologischen Gründen (Bedürfnis nach Anerkennung oder nach Zustimmung, gefühlsmäßige Wünsche, Angst) oder aus einer falschen Interpretation der christlichen Liebe heraus kann

53 Zum Thema der ehelichen Bindung siehe auch das schöne Buch von Xavier Lacroix, *De chair et de Parole, fonder la famille*, Bayard, 2007, insbesondere das Kapitel 3: Pourquoi vieillir ensemble?

man sich manchmal verpflichtet glauben, zu allem und zu allen Ja zu sagen. Oder allen von morgens bis abends zu Gefallen zu sein, so dass schließlich die eigene Persönlichkeit ausgelöscht wird und die eigenen Bedürfnisse verleugnet werden. Daraus erwächst eher Bitterkeit denn Freude. Es ist wahr, dass man nur in der Selbsthingabe glücklich sein kann. Doch unter der Bedingung, dass es sich dabei um eine wirkliche «Gabe» seiner Selbst handelt: Diese muss aus freiem Willen erfolgen und bewusst gewählt werden, ohne Eigennutz. Auch muss sie aus der Quelle einer zuvor empfangenen Fülle gespeist werden. Vertiefen wir dieses heikle Thema.

Die Zweideutigkeit der Selbsthingabe

Nur in der Selbsthingabe aus Liebe liegt das wahre Glück. *«Geben ist seliger als Nehmen»*, sagt Jesus in einem der seltenen Worte, die von ihm außerhalb der Evangelien übermittelt sind. (Apg 20,35) Diese Erfahrung haben wir alle gemacht: Es ist gut und notwendig, Liebe zu empfangen. Doch letztendlich ist die Liebe, die uns ganz erfüllt und glücklich macht, weniger die Liebe, die wir empfangen, als diejenige, die wir schenken. Das ist die Verheißung des Evangeliums:

> *«Nein, wenn du ein Essen gibst, dann lade Arme, Krüppel, Lahme und Blinde ein. Du wirst selig sein, denn sie können es dir nicht vergelten.»* (Lk 14,13-14)

Wir haben aber auch festgestellt, dass es nicht immer einfach ist, diese Selbsthingabe in die Tat umzusetzen. Es gibt Menschen, die sich großzügig hingeben, ohne dass dies die vom Evangelium verheißene Frucht des Glücks bringt. Sie enden manchmal in der Bitterkeit, der Erschöpfung, der Frustration, dem Vergessen auf ihre eigenen Bedürfnisse oder sogar in der Selbstverneinung. Wir alle haben bereits einmal erlebt, dass jemand, der lange Zeit hilfsbereit und großzügig war, schließlich vor Wut explodiert und sagt: «Es reicht mir, immer für alle das Dienstmädchen zu spielen! Immer bleibt die Arbeit an mir hängen. Keiner bemerkt es und keiner macht sich mal die Mühe, sich bei mir zu bedanken!»

Die Selbsthingabe hat negative Auswirkungen, wenn sie nicht wirklich frei gewählt und ausgeführt wird. Das gleiche gilt, wenn diese Regung einer Motivation entspringt, die nicht der uneigennützigen Liebe entspricht. Manchmal gibt man sich hin, doch unter einem gewissen Zwang, der einem nicht immer bewusst sein muss: Weil man Angst hat, Nein zu sagen oder von den anderen nicht akzeptiert zu werden; weil man gefühlsmäßig abhängig ist; weil man eine Aufgabe erledigen will, die man sich selbst aus Stolz oder aus Perfektionismus gestellt hat, oder schließlich, weil man das Gefühl hat, eine Schuld begleichen zu müssen. Es kommt auch vor, dass man die seelische Tendenz hat, sich verpflichtet zu fühlen, ständig allen eine Freude machen zu wollen oder sich sogar ständig in die Position des Retters zu setzen. Manchmal findet die scheinbare Großzügigkeit ihre Nahrung sogar in einer zugrunde liegenden Wut, in dem Bedürfnis, andere belehren zu wollen. Einige Großzügigkeiten beruhen auch auf einem Kalkül, einem unbewussten Feilschen: Ich gebe viel von mir, doch mit dem Ziel, im Gegenzug eine Bestätigung oder gefühlsmäßige Zuwendung zu erhalten, in meiner Identität gestärkt zu werden. Man sollte sich all dieser Unfreiheiten und unvollkommenen Motivationen bewusst werden, um sich allmählich von ihnen frei zu machen. Dann erst wird die Selbsthingabe zu einer Quelle wahren Glücks werden, weil sie freiwillig und uneigennützig sein wird.

Die richtige Verbindung von Geben und Nehmen

Eine weitere, schwieriger zu fassende Bedingung, damit unsere Selbsthingabe zu einer Quelle der Freude wird, besteht darin, die richtige Verbindung von Nehmen und Geben zu finden. Es ist klar, dass wir früher oder später so frustriert, wie oben erläutert, enden werden, wenn wir immer nur geben, ohne zu nehmen. Wir brauchen unbedingt Zuwendung, Ermutigung und Augenblicke der Freude und des Glücks.

Das heißt nicht, dass wir nach dieser Zuwendung gieren oder ängstlich auf sie bedacht sein sollten. Denn selbst eine Vielzahl von Befriedigungen macht noch kein Glück aus. Der sicherste Weg ins Unglück besteht darin, sich um jeden Preis ein Maximum an sinnlichen Befriedigungen verschaffen zu wollen. Ebenso wenig sollte man anfangen, alles im Voraus berechnen zu wollen, nach dem Motto: Ich gebe nur, wenn ich sicher bin, genug empfangen zu haben. Damit läuft man Gefahr, sich hinter menschlichen Ängsten und Sorgen zu verkriechen und vergisst, dass man mehr geben kann, als man hat. Denn oft empfängt man, während man gibt. Nur wenn man die Netze auswirft, kann man viele Fische fangen, wie beim Fischfang im Evangelium. Manchmal erfährt man genau in dem Moment den nötigen Zuwachs an Gnade, über den man zuvor nicht verfügte, wenn man darin einwilligt, sich auf einen Anruf Gottes hin an ein Unternehmen zu wagen, das die eigenen Kräfte eigentlich überschreitet.

Es ist legitim, keine gezwungene Selbsthingabe anzustreben, die nur Frustration nach sich zieht. Doch man kann auch in das entgegengesetzte Extrem verfallen. Heutzutage findet man keine Zeitschrift, die einem nicht einredet: «Kümmern Sie sich um sich selbst, machen Sie sich eine Freude, nehmen Sie sich Zeit für sich.» Man kann nicht abstreiten, dass in diesen Empfehlungen ein Körnchen Wahrheit steckt.

Es gibt Menschen, die ihre persönlichen Bedürfnisse vernachlässigen. Doch wenn man diese Empfehlungen zu einseitig umsetzt, dann läuft man Gefahr, sein Leben zu sehr zu begrenzen. Wer sich vor jeder Verausgabung schützt und seine Zeit und seine Erschöpfung zu gewissenhaft abwägt, um nicht zuviel zu machen, der interessiert sich zum Schluss nur mehr für sich selbst und sein persönliches Wohlergehen.

Mir scheint die rechte Verbindung zwischen Geben und Nehmen nicht in dem genauen Abwägen zu liegen, wie viel ich den anderen gebe und was mir zukommt, so dass ich dann in meiner geistigen Buchhaltung auf zwei ausgewogene Zahlenreihen komme. Sie liegt auch nicht im Abwägen, ob ich wirklich alles habe, was ich brauche, bevor ich es riskieren kann, auch nur ein wenig großzügig zu sein. Sie findet ihren Ausdruck vielmehr in diesem etwas rätselhaften Satz des Evangeliums:

> *«Wenn du Almosen gibst, soll deine linke Hand nicht wissen, was deine rechte tut. Dein Almosen soll verborgen bleiben, und dein Vater, der auch das Verborgene sieht, wird es dir vergelten.»* (Mt 6,3-4)

So lautet das Paradoxon des Evangeliums: Die gesunde Verbindung zwischen Geben und Nehmen, zwischen der linken und der rechten Hand, liegt darin, nicht willentlich eine solche herzustellen, sondern alles unserem Vater zu überlassen.

Für mich lautet der Sinn dieses Satz so: Es gibt zweifelsohne eine tiefe und notwendige Verbindung zwischen dem Geben und dem Nehmen, doch es kommt nicht dem Menschen zu, diese steuern oder bestimmen zu wollen. Die Sorge um den Ausgleich dieser Dinge sollen wir unserem Vater im Himmel überlassen, der weiß, was uns Not tut. Der Mensch für seinen Teil soll geben, ohne wissen zu wollen, ob er etwas zurückbekommen wird oder nicht. Er soll aber auch lernen, eine Gabe in aller Einfachheit und Freiheit zu empfangen, ohne sich zu fragen, ob er diese wohl verdient hat oder nicht. Er soll auch nicht prüfen, ob er ihrer würdig ist oder nicht, und er soll sich auch keine Sorgen machen, wie er sich dafür erkenntlich zeigen soll oder wie er sie mit anderen teilen soll. Man soll, wenn ich es so sagen kann, geben um des Gebens willen, und empfangen um des Empfangens willen. Um die Verbindung zwischen diesen beiden mache man sich keine Gedanken. Diese ist Gott vorbehalten, denn sie hat mit dem unbegreiflichen Geheimnis und Paradoxon der Liebe zu tun. Lieben lernen, heißt lernen, umsonst zu geben und umsonst zu empfangen, in einer «heiligen Unkenntnis» der Beziehung zwischen den beiden Haltungen. Diese Unkenntnis schützt uns vor jeder Angst, fehl zu gehen und vor jeder Berechnung. Durch sie wird die der Liebe eigentümliche Logik aufrechterhalten, die da lautet: Liebe ist frei und ungeschuldet.

Lieben lernen heißt auch, nach und nach zu entdecken, dass die grundlegende (und paradoxerweise auch schwierigste) geistige Haltung die der Bereitschaft ist, zu empfangen. Die grundlegende Haltung, denn Gott ist es, der uns zuerst geliebt hat. Die schwierigste Haltung, denn sie setzt ein großes Maß an Vertrauen und an Demut voraus. Weiter oben habe ich gesagt, dass man nur durch das ungeschuldete Geben glücklich wird. Doch jetzt behaupte ich etwas ebenso Ausschlaggebendes: Man kann nur umsonst geben, wenn man gelernt hat, umsonst zu empfangen. Wenn man gelernt hat, sich ungeschuldet lieben zu lassen, in all seiner Schwachheit und Armut.

Meine Schlussfolgerung lautet also folgendermaßen: Die richtige Haltung in Bezug auf das Geben und Nehmen ist es, Gott und den Mitmenschen gegenüber großzügig zu sein, ohne von vornherein Grenzen zu setzen und Berechnungen aufzustellen. Gleichzeitig sollten wir darauf achten, dass unser Leben von einer zugrundeliegenden Aufnahmebereitschaft gekennzeichnet sei. Durch diese sind wir immer empfänglich für das Handeln Gottes, voller Vertrauen auf seine Liebe, bereit für seine Gaben und offen für sein Werk der inneren Befriedung und der ständigen Erneuerung unserer Kräfte. Darin liegt eines der Geheimnisse des geistigen Lebens. Das Leben kann nur dann hingegeben werden, wenn man es zuvor in der Tiefe empfangen hat. Es geht also darum, in eine immer mehr empfangende Haltung dem Leben gegenüber zu kommen. In eine kindliche Haltung wie die Jesu, der sich tagsüber der Menschenmenge hingab und nachts im Gebet wieder vom Vater empfing. Seien wir keine Leute, die ihr Leben verplanen und kontrollieren. Seien wir wie die Kinder und empfangen wir Tag für Tag alles aus den Händen des Vaters im Himmel, der die Vögel des Himmels ernährt und die Lilien auf dem Felde kleidet. Nehmen wir diese Haltung der Einfachheit, der Hingabe, des kindlichen Vertrauens und der Dankbarkeit ein. Sicher sollen wir unser Leben aktiv und verantwortlich in die Hand nehmen, doch sollten wir dabei diese grundlegende kindliche Haltung im Herzen behalten. Das ganze geistige Leben besteht im Erlernen der Kindschaft — anders gesagt im Erlernen der Aufnahmebereitschaft.

Der wahre Grund unserer Erschöpfung ist zweifelsohne in einem Mangel an innerer Aufnahmebereitschaft zu suchen. Selbst mitten in den anstrengendsten Tätigkeiten sollten wir als Grundhaltung immer diese geistige Empfänglichkeit bewahren. Man lernt sie mit der Zeit, in einer fortwährenden Entwicklung. Nichts anderes ist die Armut im Geiste, von der die Seligpreisungen sprechen. (Mt 5,1) Diese setzt sich zusammen aus einer gewissen Anzahl von Geisteshaltungen, die ich in diesem Buch genannt habe, insbesondere am Ende des Kapitels IV: dem immerwährenden Gebet, der Dankbarkeit, der Einwilligung in alles, was uns geschieht, der Fügsamkeit, der Anpassungsfähigkeit und der Gelassenheit sowie der Fähigkeit, in der Gegenwart zu leben. Am grundlegendsten sind das Vertrauen (die offene Haltung schlechthin) und die Demut. Wer stolz ist, kann nichts empfangen: Er strebt danach, alles in sich selbst zu finden. Wer hingegen demütig ist, weiß sich in eine empfangende Haltung zu versetzen.

Wir sollen geben, doch indem wir unsere Quelle in Gott finden und nicht in uns selbst. Unser Fehler besteht darin, dass wir wohl geben wollen, doch allzu oft nach unseren eigenen Vorstellungen, nach unseren Kriterien, unserer Weisheit und aus unseren eigenen Kräften. Deshalb verschließen wir uns den Gaben Gottes und erschöpfen uns sehr schnell in der Selbsthingabe. Demgegenüber verheißt uns das Evangelium:

> *«Die Jungen werden müde und matt, junge Männer stolpern und stürzen. Die aber, die dem Herrn vertrauen, schöpfen neue Kraft, sie bekommen Flügel wie Adler. Sie laufen und werden nicht müde, sie gehen und werden nicht matt.»* (Jes 40,30-31)

Der Gehorsam

Jetzt möchte ich zu einem anderen Punkt in Bezug auf die Beziehungen zu den Mitmenschen übergehen, nämlich zu dem geistigen Wert des Gehorsams. Dieser Punkt ist komplex und wird in der modernen Mentalität oft sehr missverstanden. Ich möchte dies nicht in allen Einzelheiten erörtern, sondern nur einige Bemerkungen dazu machen.

Im Bereich des kirchlichen und religiösen Lebens hat es viele Entwicklungen in der Konzeption und Umsetzung des

Gehorsams gegeben, die mehr in Richtung des Dialoges, des Respekts vor dem Einzelnen und der Kollegialität gingen. Einige Ausführungen über den blinden Gehorsam, die man früher hören konnte, werden heute nicht mehr akzeptiert, und das ist wahrscheinlich gut so.

Doch heute besteht die Gefahr, in das entgegengesetzte Extrem zu verfallen. Jede Unterwerfung wird per Definition als eine Entäußerung oder Entwürdigung erlebt, als einen Angriff auf die Menschenrechte. Bei den Kriterien, nach denen man heutzutage in Frankreich Sekten definiert, laufen die Karmeliten- und Benediktinerklöster bald alle Gefahr, angeklagt zu werden. Zu bekennen, dass man einem Oberen unterstellt ist, gehört zu den blamabelsten Sachen, die man in unserer heutigen Gesellschaft zugeben kann. Es ist eine Todsünde gegen das überall proklamierte Dogma, dass sich das Individuum nur dann verwirklichen könne, wenn es eine völlige Unabhängigkeit beanspruchen könne. In der Arbeitswelt oder im Straßenverkehr akzeptiert man noch eine gewisse Unterwerfung unter die Obrigkeit. Doch im geistigen oder kirchlichen Bereich ist dies zu etwas Schändlichem geworden!

Eines bleibt jedoch wahr: Die Aufforderung eines Verantwortlichen in der Kirche, vorausgesetzt dieser ist auf legitime Weise eingesetzt und übt seine Autorität auf regelrechte Weise aus, ist gewöhnlich als authentischer Ausdruck eines Anrufes Gottes zu betrachten. Das gilt auch dann, wenn dieser Anruf nicht genau mit unseren persönlichen Vorhaben übereinstimmt. Das habe ich persönlich etliche Male erfahren. Der kirchliche oder religiöse Gehorsam ist ein Kompass, der uns sicher und fruchtbringend leiten kann, wenn er im Glauben und in der Liebe gelebt wird, auch wenn die Oberen ihre Begrenzungen und Fehler haben. Der Gehorsam kann befreiend sein. Er hindert uns daran, uns in unseren persönlichen

Vorhaben, Bestrebungen und Vorlieben einzuschließen. Er ist ein Siegel der Wahrhaftigkeit auf unserem Leben, denn er ist die konkrete Garantie, dass unser Leben nicht mehr uns gehört, sondern dass wir es wirklich in die Hände Gottes gelegt haben. Der Gehorsam bezeugt eine grundlegende Wahrheit: Die echte Freiheit ist die, die wir in Christus finden.

In einem anderen Zusammenhang, der sich offensichtlich sehr von dem des religiösen Gehorsams unterscheidet, ist es dieser letzte Punkt, der den heiligen Paulus in mehreren seiner Briefe bewegt, wenn er den christlichen Sklaven Ratschläge gibt. Darin lädt er sie ein, ihren Herren zu gehorchen, etwas, was man heutzutage schwer versteht. Es handelte sich dabei jedoch um eine realistische und prophetische Einstellung. Realistisch, denn in Bezug auf das römische Reich zur Revolte aufzurufen, hätte geheißen, eine Wiederholung der schrecklichen Niederschlagung des Spartakus-Aufstandes zu riskieren (sechstausend Sklaven wurden damals entlang der Via Appia von Rom nach Capua gekreuzigt). Prophetisch, denn das Dringlichste bestand nicht darin, soziale Reformen zu fördern (die von alleine kommen sollten), sondern darin, zu bezeugen, dass die wahre Würde und die wahre Freiheit des Einzelnen nicht von dessen sozialen Status herrühren, sondern in Christus zu finden sind. Paulus hatte den Mut und das Vertrauen in die christlichen Sklaven, sie zu der Torheit aufzufordern, ihren irdischen Herren mit aufrichtigem Herzen zu gehorchen, «*als wäre es Christus*». (Eph 6,5-9) Damit sollten sie bezeugen, dass es von da an letztendlich nicht mehr darauf ankam, ob man ein Sklave oder ein freier Mann war. Worauf es ankam, war das neue Leben (die Freiheit zu lieben), das man in Christus finden konnte. Diese Entscheidung musste eine starke evangelisierende Wirkung auf die Herren dieser Sklaven gehabt haben.

Um auf den kirchlichen Gehorsam zurückzukommen: Man könnte ausführlich von den Umständen sprechen, unter denen er legitim ist und unter welchen Umständen er entfremdend wäre. Man könnte auch lang und breit die Missbräuche und die psychologischen Zweideutigkeiten in der Ausübung der Autorität erörtern. Diese Betrachtungen sind notwendig, aber ich möchte sie hier nicht behandeln.

Ich möchte einfach daran erinnern, dass die Weigerung, sich jeglicher menschlichen Autorität zu unterwerfen, keinesfalls ein Weg der Reife und Freiheit ist. Denn oft werden uns durch die Aufforderung eines anderen, mag sie auch unerwartend und störend erscheinen, Leben und Fruchtbarkeit angeboten. Wenn wir die Gesuche der anderen ständig abwehren, dann führt uns das hingegen in die Fruchtlosigkeit.

Die Wünsche des Heiligen Geistes

Eine äußerst wichtige Vermittlung der Anrufe Gottes sind die Eingebungen und Wünsche, die der Heilige Geist in unseren Herzen wachruft. Ich werde auch dies nicht sehr ausführlich behandeln, weil ich zu diesem Thema bereits ein Buch geschrieben habe.[54] Und doch ist dies ein essentieller Aspekt des geistigen Lebens. Es ist wichtig, sich nicht nur von den Vorschlägen der Heiligen Schrift oder von den Anrufen durch die Ereignisse führen zu lassen, sondern auch, indem man die Anrufe erkennt und annimmt, die tief im Herzen entspringen und vom Heiligen Geist ausgehen. Diese Anrufe können höchst bescheidene Handlungen oder schwerwiegende Entscheidungen betreffen. In jedem Fall ist es sehr fruchtbar, auf sie zu antworten.

---

54 Jacques Philippe, *In der Schule des Heiligen Geistes*, Parvis-Verlag, 2005.

Es wäre eine ernste Unterlassung, von den Anrufen Gottes zu sprechen, ohne die Wirklichkeit dieser Eingebungen des Heiligen Geistes zu benennen. Gäbe es diese nicht, so blieben die Anrufe etwas Äußerliches und erlaubten es unserer Persönlichkeit und unserer Mission nicht wirklich, sich in ihrer Einzigartigkeit zu entfalten. Die heilige Faustina Kowalska,[55] die von Johannes Paul II. im April 2000 kanonisiert wurde, bestätigt, dass der kürzeste Weg zur Heiligkeit in der Treue gegenüber den Eingebungen des Heiligen Geistes besteht.[56]

Ich möchte auch darauf hinweisen, dass das Wort, die Ereignisse und die inneren Eingebungen nicht als drei voneinander unabhängige Kanäle zu betrachten sind, die der liebe Gott je nach Gelegenheit auswählte, um uns um etwas zu bitten. Bei jedem Anruf kommen notwendigerweise alle drei Aspekte vor, wobei der eine oder der andere Aspekt jedoch ausgeprägter sein kann.

Diese Vermittlung durch die Eingebungen des Heiligen Geistes ist also eng mit den Vermittlungen verbunden, die wir zuvor besprochen hatten. Auf der einen Seite werden die durch den Heiligen Geist hervorgerufenen Wünsche und inneren Bewegungen oft durch das Wort Gottes geweckt und genährt. Wenn wir die *lectio divina* ausüben und die Erfahrung machen, wie die Schrift uns berührt und anspricht, dann zeigt sich die hervorragende Pädagogik Gottes. Denn er macht uns dadurch aufmerksam auf das, was sich in unserem Herzen abspielt. Wir lernen die verschiedenen Regungen und Eindrücke kennen, die durch das Handeln Gottes in der Tiefe

55 Eine polnische Nonne (1905-1938), die im Jahre 2000 am Sonntag nach Ostern heilig gesprochen wurde. Schwester Faustina empfing vom Herrn zahlreiche Erleuchtungen über die göttliche Barmherzigkeit. Sie hat dazu eingeladen, diesen ersten Sonntag nach Ostern als Tag der göttlichen Barmherzigkeit zu feiern.

56 *Tagebuch der Schwester Faustina*, Parvis-Verlag, 2006.

unserer Seele bewirkt werden können. Auf der anderen Seite sind es oft die inneren Eingebungen, die es uns erlauben, den Anruf zu erkennen, der in diesem oder jenem Ereignis, mit dem wir konfrontiert werden, an uns ergeht. Der Heilige Geist lässt uns oft tief im Inneren erkennen, was in einer bestimmten Situation das richtige Vorgehen ist. Er ist es auch, der uns innerlich dafür empfänglich macht, vertrauensvoll zu gehorchen, wenn Gott sich eines Anrufs durch die äußeren Umstände bedienen will, um uns zu leiten.

Leider übergehen oder verdrängen wir zu häufig diese Wünsche des Heiligen Geistes. Das kann aus vielen verschiedenen Gründen geschehen: Weil unser Gebetsleben nicht genug in die Tiefe geht; weil wir kein inneres Horchen[57] entwickeln; weil wir vor der Stille fliehen und zu oft im Äußerlichen leben, in Lärm und in Hektik, verwickelt in Dinge und Aktivitäten der Welt, ohne aufmerksam zu sein auf das, was in unserer Seele vorgeht. Ein anderer Grund liegt darin, dass wir von vielen Ängsten und Bindungen beherrscht werden. Diese machen uns unempfänglich gegenüber den Eingebungen der Gnade und hindern uns daran, diese anzunehmen. Leider berauben wir uns dadurch einer inneren Quelle der Lebenskraft und der Fruchtbarkeit, die unser Herz weit machen und bewässern könnte.

Wir verpassen die Verheißung der Schrift:

> *«Der Herr wird dich immer führen, auch im dürren Land macht er dich satt und stärkt deine Glieder. Du gleichst einem bewässerten Garten, einer Quelle, deren Wasser niemals versiegt.»* (Jes 58,11)

57 «Zuhören bedeutet zunächst einmal still zu werden, äußerlich und innerlich, um aufmerksam sein zu können auf das, was an uns gerichtet wird.» Jean-Louis Chrétien, *L'appel et la réponse*, Editions de Minuit, 1992, S. 23.

Was die Bedeutung dieser Eingebungen anbelangt, wie man sie annehmen und unterscheiden kann, so werde ich sie hier nicht weiter ausführen, sondern verweise auf mein Buch und die anderen Titel zu diesem Thema. Ich beschränke mich hier auf einige wenige Bemerkungen.

Die Wünsche des Menschen und der Wille Gottes

Eine Eigentümlichkeit des Heiligen Geistes besteht darin, das menschliche Verlangen zu erziehen. In einer bestimmten christlichen Tradition hat man das Verlangen des Menschen und den Willen Gottes zu sehr gegeneinander gestellt, als ob sie sich nur widersprechen könnten. Dabei sind sie zutiefst dazu aufgerufen, zusammenzutreffen. Zum Glück! Den Menschen verlangt nach Glück. Seine Berufung, die auch ein Aufruf an ihn ist, führt zum Glück. Es gibt de facto eine Deckungsgleichheit zwischen dem Anruf Gottes und dem tiefsten Verlangen im Herzen des Menschen. Gott lädt uns zur Selbsthingabe aus Liebe ein, doch das entspricht auch dem heimlichen Wunsch, der uns beseelt:

> «Die Neigung zur Hingabe ist dem menschlichen Herzen von Natur aus gegeben: Jeder Mensch spürt das Verlangen, mit anderen Menschen in Kontakt zu treten, und gelangt zu voller Selbstverwirklichung, wenn er sich den anderen aus freien Stücken schenkt», sagt Johannes Paul II.[58]

Das geistige Leben wäre unerträglich und tödlich, wenn jedes Verlangen nur verneint und zurückgedrängt werden müsste. Tatsächlich ist das Vorankommen auf dem spirituellen Weg keine Verneinung, sondern eine Erziehung des

58 Fastenbotschaft 2003.

menschlichen Verlangens. Es geht darum, allmählich zu lernen, die oberflächlichen Wünsche beiseite zu lassen. Die Wünsche, die nicht wirklich von uns kommen; die einer verletzten Seele entspringen; die uns durch den Zwang zur Anpassung an den Zeitgeist oder durch den Willen eines anderen aufgedrängt werden. Dann kann unser tiefstes Verlangen auftauchen, das aus dem Herzen kommt und Ausdruck unserer authentischen Persönlichkeit, unserer Mission, ist. Es ist Träger des Anrufes, den Gott an uns richtet. Der Anruf Gottes und das Verlangen des Menschen sind dazu bestimmt, übereinzustimmen: Es ist die besondere Arbeit des Heiligen Geistes, sie zur gegenseitigen Entsprechung zu bringen. Entweder weckt er dazu das Verlangen des Herzens und lässt uns das ersehnen, was Gott uns schenken will. Oder er beschneidet unsere weltlichen, oberflächlichen Wünsche. Er prägt das göttliche Gesetz in unser Herz ein, gemäß der Verheißung des Neuen Bundes an Jeremia:

> *«Seht, es werden Tage kommen — Spruch des Herrn —, in denen ich mit dem Haus Israel und dem Haus Juda einen neuen Bund schließen werde, nicht wie der Bund war, den ich mit ihren Vätern geschlossen habe, als ich sie bei der Hand nahm, um sie aus Ägypten herauszuführen. Diesen meinen Bund haben sie gebrochen, obwohl ich ihr Gebieter war — Spruch des Herrn. Denn das wird der Bund sein, den ich nach diesen Tagen mit dem Haus Israel schließe — Spruch des Herrn —: Ich lege mein Gesetz in sie hinein und schreibe es auf ihr Herz. Ich werde ihr Gott sein, und sie werden mein Volk sein. Keiner wird mehr den anderen belehren, man wird nicht zueinander sagen: Erkennt den Herrn!, sondern sie alle, klein und groß, werden mich erkennen — Spruch des Herrn. Denn ich verzeihe ihnen die Schuld, an ihre Sünde denke ich nicht mehr.»* (Jer 31,31-34)

In der Ordnung des Neuen Bundes sind das Erfüllen des göttlichen Willens und die Treue gegenüber seinen Anrufen kein Zwang mehr. Sie sind vielmehr ein Aufschwung aus tiefstem Herzen und in vollkommener Freiheit, der dem innigsten Verlangen des Menschen Ausdruck gibt.

Man sollte jedoch realistisch sein und sich darauf einstellen, dass diese Erziehung des menschlichen Verlangens eine lange und schwierige Arbeit darstellt, die Kampf und Verzicht erfordert. Denn wir sind durch die Verletzung der Sünde gezeichnet, die unsere grundlegende Sehnsucht sozusagen in tausend Bruchstücke verwirrt und zersplittert hat.[59]

59 Diese Betrachtungen sind wichtig für die Unterscheidung. Siehe zum Beispiel André Louf, *La grâce peut davantage,* Kapitel 9, DDB. Bei der Unterscheidung der Berufung kann ein Anruf, den man sich nicht in voller Willensfreiheit zu eigen machen kann und der nicht mit dem tiefen Herzenswunsch übereinstimmt, nicht von Gott stammen.

Schlussfolgerung

Der Gott aller Schönheit

Ich möchte einige Betrachtungen über den Anruf und die Schönheit einbringen.[60] Die beiden Wörter sind im Griechischen miteinander verwandt: *kalos* heißt schön und *kalein* heißt rufen.[61] Zwischen dem, was wir von Gott gesagt haben, der uns ruft, und dem Geheimnis der Schönheit besteht eine tiefe Harmonie. Dionysius Aeropagit drückt es so aus: «Gott ruft (*kaloun*) alles zu sich, deshalb wird er *kallos* (Schönheit) genannt.»[62] Die Schönheit, die das Herz berührt, bildet somit eine interessante Analogie, um an Gott zu erinnern, der ruft.

Die Schönheit ruft uns an. Sie lässt niemanden gleichgültig, sie erweckt ein Verlangen. «Gott ruft alles zu sich, so wie das Ersehnte die Sehnsucht zu sich ruft.»[63] Sie bietet sich zur Bewunderung dar und lädt auch gleichzeitig zum Hinhören ein. Sie fordert uns zu einer Antwort heraus. Indem die Schönheit in Erscheinung tritt, ersucht sie uns, sie zu bewundern, ihr zu

---

60 Diese Betrachtungen wurden inspiriert vom Buch des Philosophen Jean-Louis Chrétien, *L'appel et la réponse*, Editions de Minuit, 1992.

61 Gerade heute ist es für uns notwendig, Gott als die Schönheit wieder zu entdecken (wie es in der Vergangenheit bereits viele Heilige und Mystiker getan haben). Ein neuer Aufbruch in der christlichen Kunst ist eine lebenswichtige Notwendigkeit.

62 Dionysius, *De divinis nominibus*, IV, 7. Zitiert bei Jean-Louis Chrétien, op. cit.

63 Ulrich von Straßburg, Theologe aus dem 13. Jahrhundert. Zitiert in op. cit. S. 27.

singen und sie zu lieben. Diese Antwort selbst ist bereits vorgegeben: Wenn wir auf den Anruf der Schönheit antworten, dann geschieht das nicht durch unseren eigenen Willen. Die Regung, die bewirkt, dass wir uns der Schönheit zuwenden und dabei Dankbarkeit empfinden, stammt nicht von uns. Sie stammt von der Schönheit selbst; wir können nur darin einwilligen (oder ihr widerstehen). Nicht wir sind es, die die Liebe erzeugen, die die Schönheit in uns hervorruft — auch wenn diese uns deshalb berührt und bewegt, weil sie eine Erwartung in uns erfüllt.

Wie in Gott selbst steckt in jeder wahren Schönheit Reinheit, Uneigennützigkeit und Großzügigkeit. Etwas Schönes ist nicht für sich selbst schön; es ist für diejenigen schön, die es betrachten und sich an seiner Schönheit erfreuen. Es gibt nichts Schlimmeres als eine Schönheit, die narzisstisch ist.

Schönheit ist Ausstrahlung, Großherzigkeit und Selbsthingabe zur Freude des Nächsten. Wir begreifen auch, dass der Anruf immer unendlich reicher ist als jede Antwort und dass keine Antwort jemals erschöpfend sein oder dem Anruf völlig entsprechen kann. Dem Aufruf zu lieben, den das Wesen der Schönheit an uns richtet, können keine Grenzen gesetzt werden. Wozu uns der Aufruf der Schönheit (der auch der Aufruf der Wahrheit und der Aufruf des Guten ist)[64] auffordert, beschränkt sich nicht auf bestimmte Handlungen, die man alle auflisten könnte. Letzten Endes fordert sie uns zur vollkommenen Hingabe unseres Selbst auf. Weil der Aufruf unendlich großherzig ist, kann er auch in dem dazu bereiten Menschen eine grenzenlose Großherzigkeit, eine völlige Selbsthingabe

64 Gott ist das Schöne, Wahre und Gute zugleich. Wir nennen hier besonders die Schönheit, denn vielleicht ziehen uns das Wahre und Gute besonders in ihrer Schönheit an.

erwecken. Das Maß, um Gott zu lieben, besteht darin, ihn maßlos zu lieben.

In der Antwort auf diesen Aufruf zu lieben verlieren wir und finden wir uns selbst:

> «Wenn uns die Schönheit anspricht, dann ruft sie uns auch zu uns selbst. Sie ruft uns auf, wirklich wir selbst zu werden. Indem die Schönheit uns für sich selbst bestimmt, bestimmt sie uns für die Verheißung, die unser Dasein in sich trägt.»[65]

Möge jeder von uns sein Herz an die Schönheit Gottes verlieren, um es darin zu finden!

Ich habe dich bei deinem Namen gerufen

Alles, was bisher gesagt wurde über die Anrufe Gottes, ihre Bedeutung, ihre Vermittlung und ihren Zweck findet seinen tiefsten Ursprung, seine letzte Synthese und volle Erfüllung im Geheimnis Christi, «*dem Schönsten von allen Menschen*». (Ps 45,3)

Tatsächlich gibt es nur ein einziges Wort des Anrufes: Das Wort, das der Vater durch seinen Sohn an uns richtet. Wie es Johannes vom Kreuz sagt: «Ein Wort hat der Vater gesprochen, und das war sein Sohn.»[66] Er ist das Wort und fasst in seiner Person alles zusammen, was der Vater uns zu sagen wünscht. Er ist die größte Gabe Gottes an die Menschheit. «*Wenn du wüsstest, worin die Gabe Gottes besteht und wer es ist, der zu dir sagt: Gib mir zu trinken!*», sagt Jesus zu der Samariterin. (Joh 4,10) Gleichzeitig ist er der dringendste Aufruf, der

65 Jean-Louis Chrétien, *op. cit.*, S. 23.

66 «Indem er uns seinen Sohn gab, und den gab er uns ja, der sein einziges Wort ist, und er kein anderes hat, hat er uns in diesem einen Wort alles zugleich und auf einmal gesagt, und mehr hat er nicht zu sagen.» *Aufstieg auf den Berg Karmel*, Bd. 2, Kapitel 22.

jemals an sie gerichtet wurde. «*Wenn es also Ermahnung in Christus gibt*», sagt Paulus zu den Philippern. (Phil 2,1)

Christus fasst alles zusammen, was in der Schöpfung gesagt wurde, alles, was in der Geschichte Israels mitgeteilt wurde. Er ist in seiner Menschwerdung und seiner Auferstehung das endgültige Wort, dem nichts hinzugefügt werden kann. Es sagt uns alles über Gott, und es sagt uns alles über den Menschen. Ein einziges Wort, doch von unerschöpflichem Reichtum. Derselbe heilige Johannes vom Kreuz spricht von den Geheimnissen Christi und vergleicht sie mit Felsenhöhlen, die man ohne Ende erforschen kann und in denen man unzählige Schätze finden kann:

> «So verborgen sind sie, dass für die heiligen Gelehrten und heiligen Menschen das Allermeiste noch zu sagen und zu verstehen aussteht, wie viele Geheimnisse und Wunder sie auch aufgedeckt oder in diesem Leben verstanden haben. So gibt es viel, was in Christus zu vertiefen ist, denn er ist wie ein überreiches Bergwerk mit vielen Gängen voll von Schätzen; niemals findet man für sie einen Schluss- und Endpunkt; mag man sich noch so sehr in sie vertiefen, im Gegenteil, in jedem Gang kommt man da und dort zum Auffinden von neuen Adern mit neuen Reichtümern. Darum sagte der heilige Paulus von ebendiesem Christus diese Worte: "*In ihm sind alle Schätze der Weisheit und Erkenntnis verborgen.*" (Kol 2,3)»[67]

Die verschiedenen Anrufe, die Gott vom Anfang bis zum Ende unseres Lebens an uns richtet, kommen alle von einem einzigen Anruf her: Das Geheimnis Christi zu empfangen und uns von ihm erleuchten und umwandeln zu lassen.

Der erste Anruf, den wir genannt haben, der Anruf der Erschaffung des Menschen, der Anruf des Lebens, ist bereits

67 Heiliger Johannes vom Kreuz, *Der Geistliche Gesang*, Verlag Herder, 1997, Strophe 37, S. 226.

auf geheimnisvolle Weise ein Anruf in Christus. Alles wurde in ihm, durch ihn und auf ihn hin erschaffen, wie Paulus es in seinem Brief an die Kolosser in Worte fasst:

> *«Er ist das Abbild des unsichtbaren Gottes, der Erstgeborene der ganzen Schöpfung. Denn in ihm wurde alles erschaffen im Himmel und auf Erden, das Sichtbare und das Unsichtbare, Throne und Herrschaften, Mächte und Gewalten; alles ist durch ihn und auf ihn hin geschaffen.»* (Kol 1,15-17)

Der Anruf der Erschaffung ist ein Aufruf, voll und ganz Mann, voll und ganz Frau zu sein. Dieser Anruf kann sich nur in Christus vollständig erfüllen. Er ist der einzige vollständig verwirklichte Mensch, der ohne Einschränkung dem Plan Gottes entspricht. Das II. Vatikanische Konzil sagt dazu:

«Wer Christus, dem vollkommenen Menschen, folgt, wird auch selbst mehr Mensch.»[68]

Auch der Anruf, den die Taufe darstellt, ist — in einem viel offensichtlichen und ausdrücklichen Maße — ein Anruf in Christus. Durch die Taufe empfangen wir eine neue Gabe, ein neues Leben, das göttliche Leben. Und wir empfangen einen neuen Anruf, nämlich den, uns persönlich dafür zu entscheiden, Christus nachzufolgen; ihn nachzuahmen; uns ihm gleich gestalten zu lassen; uns in ihn verwandeln zu lassen.

All die verschiedenen Berufungen in der Kirche (zur Ehe, zum Priestertum, zum geweihten Leben usw.) kommen zu der Taufgnade hinzu. Auch sie sind Anrufe in Christus, Anrufe, eine Facette seines Geheimnisses auszudrücken und zu leben: Christus als Ehegatte, Christus als Priester, «Christus, wie er auf dem Berg in der Beschauung weilt oder wie er den Scharen das Reich Gottes verkündigt oder wie er die Kranken und

68 *Gaudium et Spes*, 41.

Schwachen heilt und die Sünder zum Guten bekehrt oder wie er die Kinder segnet und allen Wohltaten erweist, immer aber dem Willen des Vaters gehorsam ist, der ihn gesandt hat».[69]

Jeder Anruf und jedes Eingreifen Gottes in unser Leben, durch die Schrift, durch die Ereignisse, durch die Eingebungen des Heiligen Geistes, durch die verschiedenen Vermittlungen der Gnade, die ich in diesem Buch genannt habe, haben kein anderes Ziel, als diese Identifikation mit Christus herbeizuführen und zu verwirklichen, die der letzte Sinn des menschlichen Daseins ist. Wir haben gesagt, dass jeder Anruf ein Aufruf zur Liebe ist. Doch nur in der Schule Christi können wir lernen zu lieben. *«Nehmt mein Joch auf euch und lernt von mir; denn ich bin gütig und von Herzen demütig.»* (Mt 11,29) Man kann nur dann dazu fähig gemacht werden, wirklich zu lieben, wenn man sich durch den Heiligen Geist allmählich Christus gleichgestalten lässt. *«Seid untereinander so gesinnt, wie es dem Leben in Christus Jesus entspricht»*, sagt der heilige Paulus (Phil 2,5).

Auch unsere wahre Identität finden wir nur in ihm. Der Ausdruck *rufen* hat eine zweifache Bedeutung: Er bedeutet nennen und bezeichnen sowie gleichzeitig auch auffordern und einladen. Beide Bedeutungen treffen im Geheimnis Christi zusammen. Indem wir uns von Christus mit Namen rufen (nennen) lassen, indem wir seiner Einladung folgen, uns zu bekehren und ihm nachzufolgen, empfangen wir einen neuen Namen. Dieser benennt uns in Wirklichkeit mit unserer Identität und unserer Mission.

«Wer Ohren hat, der höre, was der Geist den Gemeinden sagt: Wer siegt, dem werde ich von dem verborgenen Manna

69 Ausdrücke, die das II. Vatikanische Konzil in Bezug auf das religiöse Leben gebraucht. *Lumen Gentium*, Nr. 46.

geben. Ich werde ihm einen weißen Stein geben, und auf dem Stein steht ein neuer Name, den nur der kennt, der ihn empfängt.» (Offb 2,17)

Dieser neue Name bedeutet keine Verneinung oder Aufhebung des alten Namens, mit dem Gott uns aus dem Nichts gehoben hat, um uns ins Leben zu rufen. Der neue Name rettet vielmehr den früheren Namen vor dem Verfallen, vor einem eventuellen Verschließen in sich selbst. Er offenbart die Bedeutung des ersten Namens, stellt diesen klar und deutlich dar und vollendet ihn in der Fülle.

ANHANG

Praktische Ratschläge für die *lectio divina*

«Die Schrift ist weder so verschlossen,
dass sie entmutigen würde, noch so leicht zugänglich,
dass sie nichtssagend wäre. Je mehr man mit ihr umgeht,
desto weniger wird man ihrer überdrüssig.
Je mehr man sie betrachtet, desto mehr liebt man sie.»[70]

Ich möchte hier einige Ratschläge für die Umsetzung der *lectio divina* geben. Weiter oben haben wir gesehen, wie wesentlich es ist, das Wort Gottes in unserem Herzen widerhallen zu lassen. Zunächst geschieht das natürlich in der heiligen Versammlung, wenn die Heilige Schrift in der Kirche verkündet und ausgelegt wird. Doch es ist auch notwendig, dass jeder von uns sich eine eigene Zeit nimmt, in der er auf das Wort Gottes hört. Eine Zeit, in der er sich «Fragen stellen, Orientierung geben und sein Dasein gestalten lässt», um die bereits zitierten Ausdrücke von Johannes Paul II. wieder aufzunehmen.

Zu diesem Ziele hier nun einige Hinweise und Ratschläge. Sie sollten sehr frei und flexibel umgesetzt werden, da jeder

70 Heiliger Gregor der Große, *Moralia in Job*, XX, 1, 1. Zitiert in der Ansprache von Johannes Paul II. bei der Audienz vom 20. Oktober 1997, dem Tag nach der Ernennung der heiligen Therese von Lisieux zur Kirchenlehrerin.

gewissermaßen seinen eigenen Weg finden muss, das Lesen der Schrift in sein Leben einzugliedern.

Es ist gut, wenn möglich jeden Tag eine bestimmte Zeit dem betenden Lesen der Schrift zu widmen. Damit steht man in der Fortsetzung der reichen klösterlichen Tradition der *lectio divina*.

Sagen wir zunächst genau, worum es sich dabei nicht handelt: Die *lectio divina* ist keine fortlaufende Lektüre der Bibel, mit dem Ziel, sie so vollständig wie möglich zu lesen und mehrere Kapitel pro Tag zu lesen, wie das manchmal praktiziert wird.

Ebenso wenig ist sie eine Zeit für das Bibelstudium, bei dem man sich auf die Methoden der Exegese stützt. Für denjenigen, der die Möglichkeit dazu hat, ist es natürlich sehr von Nutzen, die Bibel zu studieren, mit all den verschiedenen Möglichkeiten, die uns heute dafür zur Verfügung stehen. Es gibt Bibelkurse, Sprachkurse in den biblischen Sprachen sowie die Nutzung verschiedener Werkzeuge wie Wörterbücher, Konkordanzen, Kommentare und verschiedene Methoden (geschichtliche, archäologische, semiotische), um sich dem Text zu nähern und ihn zu interpretieren. Dieses Studium der Bibel ist sehr nützlich und kann eine Unterstützung für die *lectio divina* sein. Wenn jemand diese direkt in dem hebräischen oder griechischen Text betreiben kann, dann ist das sicherlich ein großes Glück! Und die *lectio* wird oft umso gewinnbringender sein, desto mehr Kenntnis man von der Schrift besitzt. Denn die Texte erhellen und erklären sich gegenseitig.

Ohne im Gegensatz zu den vorhergehenden Annäherungsweisen zu stehen, handelt es sich bei der *lectio divina* doch um etwas anderes: Sie ist ein betrachtendes Lesen der Schrift. In aller Einfachheit, im Gebet und im Glauben. Ihr

Ziel ist es, uns offen zu machen für das, was der Herr uns heute durch sein Wort sagen will, damit wir uns durch das Wort erleuchten und verwandeln lassen. In diesem Bereich ist nicht die wissenschaftliche Kompetenz ausschlaggebend, sondern die Haltung des Herzens. Der Hunger nach Gott, das Vertrauen darauf, dass er zu uns sprechen möchte und ein großer Wunsch nach Bekehrung. Darin liegt das große Geheimnis der *lectio,* und es ist ganz einfach: Das Lesen der Schrift wird umso fruchtbringender sein, desto größer der Wunsch nach Bekehrung ist. Viele einfache und ungebildete Menschen haben große Erleuchtungen und kraftvolle Ermutigungen durch die Heilige Schrift erfahren, weil sie darauf vertrauten, dem lebendigen Wort Gottes zu begegnen. Wir haben in diesem Zusammenhang bereits von der heiligen Therese von Lisieux gesprochen, obwohl diese niemals den zusammenhängenden Text der Bibel zur Verfügung hatte.

Daraus folgt, dass viele Ratschläge, die man für das Gebetsleben geben kann, auch für die *lectio divina* gelten. Die Wichtigkeit der Ausdauer; das Akzeptieren von vorübergehenden Zeiten der Dürre; die grundlegende Bedeutung von Glauben und Hoffnung. Tatsächlich ist die *lectio divina* unter allen verschiedenen kirchlichen Traditionen die älteste und die am meisten universelle. Sie ist auch ohne Zweifel die Gebetsmethode,[71] die am meisten zu empfehlen ist.

Wenn sie so ausgeübt wird, wie wir es beschreiben werden, dann ist sie der beste Anfang für ein Gebetsleben. Auf dieser Grundlage folgt hier nun eine Reihe von Ratschlägen.

71 Ich verstehe hier das Wort Gebet in der Bedeutung, die es seit dem 16. Jahrhundert in der westlichen Tradition angenommen hat. Das persönliche, stille Gebet, das regelmäßig zu einer bestimmten Zeit ausgeübt wird und dessen Ziel es ist, uns in die Gemeinschaft mit Gott eintreten zu lassen und uns mit ihm zu verbinden. Siehe auch mein Werk *Zeit für Gott. Führer für das innere Gebet*, Parvis-Verlag, 1998.

Zeiten und Augenblicke

Wann immer möglich, ist es gut, sich jeden Tag Zeit für die Betrachtung der Schrift zu nehmen. Wie dringlich auch unsere Aufgaben sein mögen, so finden wir doch jeden Tag die Zeit, unseren Körper zu ernähren. Warum sollten wir unserer Seele nicht die gleiche Fürsorge zukommen lassen?

Der am besten geeignete Augenblick dafür ist der Morgen. Unser Geist ist frischer und aufnahmebereiter und allgemein weniger mit Sorgen belastet als gegen Ende des Tages. Sagt nicht der Psalm 90: «*Sättige uns am Morgen mit deiner Huld! Dann wollen wir jubeln und uns freuen all unsre Tage*» (Ps 90,14)? Im Buch Jesaja heißt es auch: « *[…] Jeden Morgen weckt er mein Ohr, damit ich auf ihn höre wie ein Jünger.*» (Jes 50,4)

Ein weiterer Vorteil, wenn man die *lectio divina* am Morgen ausübt: Man bezeugt, dass das Vordringlichste im eigenen Leben das Hören auf Gott ist. Auch versetzt uns diese Übung bereits von den Morgenstunden an in eine innere Haltung des Hörens. Das erlaubt uns leichter, diese bereitwillige Haltung den Tag über beizubehalten und somit auch die Anrufe wahrnehmen zu können, die Gott an uns richtet.

Doch das ist nicht absolut zu setzen. Es ist klar, dass viele Leute nicht die Möglichkeit haben, sich morgens diese Zeit zu nehmen. Sie können es zu anderen Tageszeiten tun. Das wird Gott nicht daran hindern, zu ihnen zu sprechen, wenn sie nach ihm hungern und dürsten.

Was die Dauer anbelangt, so glaube ich, dass eine Viertelstunde das Minimum ist, wenn man nicht mehr Zeit einräumen kann. Wenn man der *lectio* eine halbe Stunde oder eine dreiviertel Stunde widmen kann, dann ist das besser.

Welchen Text betrachten?

Es gibt verschiedene Möglichkeiten. Man kann Tag für Tag einen bestimmten Text fortgesetzt betrachten (ein Evangelium, einen Paulusbrief oder einen anderen Text der Bibel). Ich kenne einen verheirateten Laien und Familienvater, der sich jeden Morgen Zeit zum Gebet nimmt und dabei vom Wort Gottes ausgeht. Zwei oder drei Jahre hat er beim Johannesevangelium verweilt.

Doch der Rat, den ich den Menschen gebe, die Anfänger auf diesem Gebiet sind, ist eher, für die *lectio* die Texte zu benutzen, die die Kirche für den jeweiligen Tag vorschlägt. Das hat den Vorteil, uns mit dem Leben der universellen Kirche und mit den liturgischen Zeiten in Gleichklang zu bringen. Es bereitet uns auch auf die Eucharistie vor, wenn wir daran teilnehmen. Es bedeutet auch, dass man drei verschiedene, ausgewählte Texte zur Verfügung hat (erste Lesung, Psalm, Evangelium). Das stellt ein geringeres Risiko dar, an zu trockene oder schwer zu interpretierende Texte zu geraten. Es passiert ziemlich selten, dass unter den drei Texten nicht wenigstens einer ist, der zu uns spricht. Dadurch, dass man sich beim Ausüben der *lectio* für mehrere Texte gleichzeitig interessiert, hat man auch die Gelegenheit, eine Ahnung von der tiefen Einheit der Schrift zu bekommen. Es ist eine große Freude, beim Lesen der Schrift zu erfahren, wie Texte, die sich nach Stil, Zeitpunkt der Abfassung und Inhalt sehr voneinander unterscheiden, bei ihrer Gegenüberstellung neue Gemeinsamkeiten erkennen lassen und sich gegenseitig erhellen können. Wenn die rabbinischen Gelehrten Texte der Schrift auslegen, dann lassen sie gerne den Reichtum der Bedeutungen hervorquellen, indem sie «Perlenketten binden». Jede Perle ist ein Vers aus den verschiedenen Teilen der Schrift, aus der «Tora», den «Propheten» und den «Schriften» (die anderen Bücher,

Psalmen und Weisheitsbücher). Genau das wird Jesus selbst nach der Auferstehung für die Jünger praktizieren, wie es im Evangelium nach Lukas gezeigt wird (Lk 24,27, und 24,44). Diese Tradition, die darin besteht, verschiedene Texte gegenüberzustellen, damit sie sich gegenseitig erhellen, ist in der Folge von allen Kirchenvätern bis hin zu den heutigen Exegeten übernommen worden.

Wie gehe ich konkret vor?

Wie wir es bereits betont haben, hängt die Fruchtbarkeit der *lectio divina* von der inneren Haltung ab und nicht von der Wirksamkeit einer Methode. Es ist also wichtig, sich nicht gleich zu Beginn auf den Text zu stürzen, sondern sich genügend Zeit zur Vorbereitung zu nehmen. So kann man sich in die wünschenswerte innere Verfassung zum Beten, Glauben und Hoffen bringen. Hier einige Schritte, die man dazu vorschlagen könnte:

1. Wie immer, wenn es um das Beten geht, sollte man damit anfangen, sich zu sammeln und sich in die Gegenwart Gottes zu versetzen. Die Kümmernisse und Sorgen lässt man beiseite: Die einzige Notwendigkeit besteht darin, uns wie Maria von Bethanien dem Herrn zu Füßen zu setzen, um seinen Worten zuzuhören.[72] Dazu muss man in dem gegenwärtigen Augenblick ankommen. Das fällt uns manchmal sehr schwer. Wenn es nötig ist, kann es sinnvoll sein, dazu die Möglichkeiten zu nutzen, die uns unser Körper und unsere Sinne bieten. Der Körper hat sein Gewicht und seine Bedürftigkeit, doch bietet er einen Vorteil gegenüber dem Geist. Denn er befindet sich in der Gegenwart, wohingegen die Gedanken oft von Erinnerungen aus der Vergangenheit zu Projektionen in die Zukunft

72 Vergleiche das Evangelium von Maria und Marta, Lk 10,38-42.

hin- und herspringen können. Man kann Gott nur im gegenwärtigen Augenblick begegnen. Die Tatsache, dass wir in unserem Körper wohnen (und nicht nur im Geistigen) und körperliche Empfindungen haben, hilft uns dabei, im gegenwärtigen Augenblick anzukommen. Auch wenn es seltsam erscheinen mag, so vorzugehen, so ist es doch oft notwendig, mit einer körperlichen Vorbereitung zu beginnen, bevor wir mit dem Lesen anfangen. Wir schließen die Augen, wir spüren unseren Körper, wir lösen unsere Verkrampfungen, wir entspannen die Schultern und alle Muskeln, die verspannt sind. Wir nehmen unseren Atem wahr und atmen langsam, doch tief. Wir spüren den Kontakt unseres Körpers mit unserer materiellen Umgebung: Den Kontakt der Füße mit dem Boden, des Körpers mit dem Stuhl, der Arme mit dem Tisch, der Hände mit der Bibel oder dem Messbuch, das wir für die *lectio* benutzen. Der erste Kontakt mit dem Wort ist ein körperlicher Kontakt. Die Berührung ist bereits ein Hinhören. Wie sagt doch der heilige Johannes:

> *«Was von Anfang an war, was wir gehört haben, was wir mit unseren Augen gesehen haben, was wir geschaut und was unsere Hände angefasst haben, das verkünden wir: das Wort des Lebens.»* (1 Joh 1,1)

2. Wenn wir merken, dass wir ganz entspannt sind, unseren Körper spüren, in der Gegenwart sind, dann wenden wir unser Herz Gott zu. Wir danken ihm im Voraus für den Augenblick, in dem er uns mit seinem Wort berühren wird. Wir bitten ihn um das rechte Licht, um sein Wort zu verstehen. Wir bitten ihn, uns die Augen zu öffnen für das «*Verständnis der Schrift*», wie er es bei seinen Jüngern getan hat (Lk 24,45). Wir werden ihn vor allem darum bitten, dass dieses Wort uns wirklich zutiefst treffen möge, dass es unsere Herzen bekehren

und unsere Einlassungen mit der Sünde aufdecken möge. Dass es uns da erleuchten und verwandeln möge, wo es heute notwendig ist, damit wir mehr in Einklang seien mit dem göttlichen Plan für unser Leben. Dahin sollen unser Verlangen und unser Wille gehen.

3. Wenn wir in der richtigen Verfassung sind — zögern wir nicht, uns die nötige Zeit dafür zu nehmen, denn darauf kommt es an —, dann können wir die Augen öffnen und anfangen, den Text zu lesen, den wir für die *lectio* ausgesucht haben. Wir sollten langsam und betrachtend lesen, mit dem Verstand und mit dem Herzen. Doch wir sollten dabei beachten, dass «meditieren» in der biblischen Tradition weniger nachdenken als vor sich hinmurmeln, wiederholen, wiederkäuen bedeutet. (Siehe den ersten Psalm: «*Wohl dem Mann, der [...] über seine Weisung nachsinnt bei Tag und bei Nacht.*» Ps 1,2) Anfangs handelt es sich mehr um eine körperliche als um eine geistige Tätigkeit. Man sollte keine Angst davor haben, einen Vers viele Male zu wiederholen, wenn er unsere Aufmerksamkeit erregt hat. Denn oft wird sich sein tieferer Sinn — das, was Gott uns heute damit sagen will — erst durch das Wiederkäuen herauskristallisieren. Der Verstand spielt dabei natürlich auch eine Rolle. Man kann sich Fragen zum Text stellen: Was sagt er mir über Gott? Was sagt er mir über mich selbst? Welche frohe Botschaft enthält er? Welche konkrete Aufforderung für mein Leben kann ich darin entdecken? Wenn ein Vers mir unverständlich erscheint, kann man Anmerkungen oder eine Erklärung heranziehen. Doch sollte man es vermeiden, aus der Zeit der *lectio* eine Zeit des Bibelstudiums zu machen. Man sollte nicht zögern, lange Zeit bei einem Vers zu verweilen, der uns besonders gut «schmeckt». Von dem ausgehend, was wir dabei fühlen, können wir ins Gespräch mit Gott kommen. Das Lesen sollte zum Gebet

werden: Zur Danksagung für einen Vers, der uns ermutigt. Zum Hilferuf an Gott bei einem Textausschnitt, der uns zu einer Bekehrung auffordert, die uns schwierig erscheint. Wenn uns die Gnade dazu geschenkt wird, dann können wir auch mit dem Lesen aufhören und bei einem mehr kontemplativen Gebet verweilen. Dieses beschränkt sich auf das einfache Bewundern der Schönheit dessen, was Gott mich durch den Text hat entdecken lassen. Ein Vers kann mich beispielsweise ganz tief die Zärtlichkeit Gottes empfinden lassen, ebenso wie seine göttliche Erhabenheit, seine Treue, seine Herrlichkeit in Christus. Er kann mich ganz einfach dazu einladen, dies zu betrachten und dafür Dank zu sagen. Das letzte Ziel der *lectio* besteht nicht darin, ellenlange Texte zu lesen. Ihr letztes Ziel ist es vielmehr, uns so weit wie möglich in die Haltung des kontemplativen Staunens zu führen, das zutiefst unseren Glauben, unsere Hoffnung und unsere Liebe nährt. Das ist nicht immer der Fall. Doch wenn es der Fall ist, dann sollte man die Lektüre unterbrechen können. Dann sollte man zufrieden sein in der einfachen, liebenden Gegenwart des Geheimnisses, das uns im Text enthüllt wird.

In dem bisher Gesagten lassen sich die vier Schritte der *lectio divina* nach der Tradition des Mittelalters wiederfinden: Die *lectio* (das Lesen), die *meditatio* (das gegenständliche Betrachten), die *oratio* (das Beten) und die *contemplatio* (das schweigende Betrachten und Anbeten). Es handelt sich dabei weniger um aufeinanderfolgende Schritte, die unbedingt in dieser Reihenfolge gegangen werden müssten. Vielmehr sind dies besondere Zustände, die wir erleben können. Dies gilt umso mehr, als die ersten drei von der Tätigkeit des Menschen ausgehen, der vierte Zustand jedoch nicht in unserer Macht steht. Er ist eine Gnadengabe, die wir ersehnen und empfangen können, die jedoch nicht immer gewährt wird.

Außerdem kann es wie bereits gesagt Zeiten der Trockenheit und der Dürre geben, wie bei jeder Art des Gebetes. Man sollte niemals den Mut verlieren. Wer sucht, wird schließlich auch finden.

Noch ein Rat: In einem Meditationskurs ist es auch gut, die Worte, die uns ganz besonders berührt haben, in ein Heft zu schreiben. Das Aufschreiben erleichtert es dem Wort, tiefer in unser Herz und in unser Gedächtnis zu dringen.

Wenn die Zeit für die *lectio* vorüber ist, dann sollten wir dem Herrn für diesen Augenblick danken, den wir mit ihm verbracht haben. Wir sollten ihn um die Gnade bitten, dieses Wort in unserem Herzen behalten zu können, wie die Jungfrau Maria. Und wir sollten uns dazu entschließen, das in die Tat umzusetzen, worüber wir während der Meditation im Besonderen erleuchtet wurden.

Ich möchte mit einer schönen Textstelle von Matta el-Maskin schließen, dem ägyptischen Mönch, der im koptischen Mönchstum einen wunderbaren geistigen Aufschwung bewirkt hat:

> «Die Meditation ist nicht nur ein in die Tiefe gehendes Lesen des Wortes Gottes mit der Stimme, vielmehr umfasst sie eine oftmalige Wiederholung im Schweigen. Dadurch wird das Wort immer mehr vertieft, bis das Herz vom göttlichen Feuer entflammt wird. Das wird veranschaulicht durch das, was David im Psalm 39 sagt: “*Heiß wurde mir das Herz in der Brust, bei meinem Grübeln entbrannte ein Feuer.*” Hier zeigt sich der dünne und verborgene Faden, der das Üben und das Bemühen mit der Gnade und dem göttlichen Feuer verbindet. Schon die alleinige Tatsache, dass man öfter langsam und in Ruhe über das Wort Gottes meditiert, führt mit der Barmherzigkeit Gottes und seiner Gnade zum Entflammen des Herzens! So wird die Meditation zur ersten, normalen Verbindung zwischen dem aufrichtigen Bemühen im Gebet und den Gaben Gottes und seiner unaussprechlichen

Gnade. Aus diesem Grund ist die Meditation als erster und wichtigster Grad des Herzensgebetes angesehen worden. Davon ausgehend kann sich der Mensch zur Inbrunst des Geistes erheben und sein ganzes Leben darin leben.»[73]

73 Matta el-Maskin, *L'expérience de Dieu dans la vie de prière*, Cerf, S. 48.

Inhaltsverzeichnis

Andere Bücher aus dem Parvis-Verlag

Zeit für Gott

Führer für das innere Gebet

Für wen ist das innere Gebet? Und wo, wann und wie kann man es praktizieren? Ein kleines Buch, reich an Beispielen und konkretem Rat.

von Pater Jacques Philippe, 15. Tsd., 128 Seiten € 8.- CHF 12.-

Suche den Frieden und jage ihm nach

Was sollen wir tun, wenn wir Zeiten der Verwirrung und der Beängstigung zu durchschreiten haben und dennoch im Vertrauen und in der Hingabe an Gott zu verbleiben verlangen? An Hand ganz konkreter Situationen lädt uns Pater J. Philippe ein, dem Evangelium entsprechend zu handeln.

10 Tsd., 128 Seiten € 7.- CHF 10.-

In der Schule des Heiligen Geistes

Wie sollen wir es machen, um es dem Heiligen Geist zu ermöglichen, uns zu leiten und uns beizustehen? In allgemeinverständlicher Sprache zeigt uns Pater J.acques Philipp die praktischen Gegebenheiten auf, welche diese Fügsamkeit gegenüber dem Wirken des Heiligen Geistes ermöglichen.

11. Tsd., 128 Seiten € 7.- CHF 10.-

Die innere Freiheit

Der Mensch erwirbt seine innere Freiheit im gleichen Maß, wie Glaube, Hoffnung und Liebe in ihm erstarken. Dieses kostbare Werk, in einer einfachen und konkreten Ausdrucksweise geschrieben, wird «all denen eine Hilfe sein, die danach verlangen, offen zu werden für diese wundervollen inneren Neuschöpfungen, die der Heilige Geist in ihren Herzen zu verwirklichen sucht, um auf diese Weise zur herrlichen Freiheit der Kinder Gottes zu gelangen».

192 Seiten, 13x20 cm € 14.- CHF 21.-

Das Leben der Mystikerin Marthe Robin

Ein Nachschlagewerk verfasst vom Postulator des Seligsprechungsprozesses

Marthe Robin (1902-1981) ist zweifellos eine der faszinierendsten Gestalten des zwanzigsten Jahrhunderts. Diese kleine Bäuerin, bettlägerig seit dem Alter von 18 Jahren bis zu ihrem Tod mit 78 Jahren, hat in ihrem Bauernhof mehr als 100.000 Personen empfangen! Sie hat einige der bedeutendsten Persönlichkeiten ihrer Zeit gekannt. Sie hat durch ihren Rat, ihre Tröstungen und Ermutigungen das Leben von Hunderten von Menschen verändert. Sie blieb aber immer ein schlichter, freundlicher, offener Mensch mit gesundem Menschenverstand, Humor und Realitätssinn, die sie zu einer außergewöhnlichen Persönlichkeit machten. Was also war das Geheimnis von Marthe Robin? Welchen Platz hatte ihr Gottesglaube in ihrem persönlichen Leben?

Um auf diese Fragen zu antworten, wurden zahlreiche Bücher und Hunderte von Aufsätzen geschrieben. Marthe Robin gehört zu den Französinnen über die in unserer Zeit am meisten publiziert wurde. Das vorliegende Buch jedoch ist wirklich ein Nachschlagewerk (und wird es lange bleiben). Es ist dokumentarisch belegt durch mehr als tausend Zeugnisse, die seit ihrem Tod gesammelt wurden, und beruht auf einer gründlichen Kenntnis der Korrespondenz und der Aufzeichnungen von Marthe Robin.

Bernard Peyrous, 352 S. + 16 S. Illustr., 14,5x22 cm € 25.- CHF 39.-

Die Depression überleben

Eine katholische Annäherung

Die Depression kann jeden treffen, selbst einen Menschen, der aus tiefstem Herzen als Christ leben möchte. Dieses Buch ist eine erfrischende, Trost spendende Annäherung an ein Leben mit der Depression. Es bietet Aspekte aus der katholischen Tradition als Hilfe, um selbst die dunkelsten Zeiten dieser Krankheit zu überleben.

Kathryn James Hermes, 176 Seiten, 13x20 cm € 13.- CHF 21.-

Die Depression überleben – Gebete

Eine wunderbare Ergänzung zum Buch «Die Depression überleben»

Dieses in seiner Art einmalige Gebetsbuch bietet Gebete von Menschen an, die die dunklen Tage und Nächte der Depression durchlitten haben und doch weiter in ihrem Glauben nach Licht und Kraft suchen.

176 Seiten, 10,5x16,5 cm € 13.- CHF 21.-

TAGEBUCH der Schwester Faustina Kowalska

Sr. Faustina (1905-1938) ist vom Heiland zur besonderen Botschafterin seiner Barmherzigkeit berufen worden. Sein Tagebuch enthüllt uns ausdrucksvoll und überzeugend die Unendlichkeit der Barmherzigkeit Gottes. Ein sehr wichtiges Werk, als Geschenk sehr geeignet!

Vorwort von Bischof J. Stimpfle., 598 S., € 29.- CHF 44.-

Jesus, ich vertraue auf Dich

Viele ausgewählte Gebete der hl. Sr. Faustina.
Mit kirchlicher Druckerlaubnis.

96 Seiten: € 2.- CHF 3.-
Für 10 Stück: € 16.- CHF 24.-

Hört auf den Barmherzigen Christus

Neun Tage mit Schwester Faustyna

Hélène Dumont nimmt die großen Themen des Tagebuchs wieder auf, das sie mit großer geistlicher Einfühlsamkeit an das Wort Gottes anbindet. Dabei folgt sie einer pädagogischen Vorgehensweise, die uns erlaubt, das Geheimnis der Göttlichen Barmherzigkeit zu vertiefen. So führt sie den Leser durch neuntägige geistliche Exerzitien zu einer Begegnung mit dem barmherzigen Christus.

Hélène Dumont, 144 Seiten, 11,5x17 cm € 10.- CHF 16.-

Folgt mit Maria der Göttlichen Barmherzigkeit

Betrachtungen mit Schwester Faustyna

Folgt mit Maria der Göttlichen Barmherzigkeit ist ein Meditationsbuch, das aus Auszügen des Tagebuchs besteht, in dem die Heilige ihre Unterhaltungen mit Christus und der Jungfrau Maria niedergelegt hat. Die Kommentare der Autorin, die sich ständig auf das Wort Gottes beziehen, die zahlreichen Zitate von Johannes Paul II., dessen Sorge um die Verbreitung der Botschaft der heiligen Faustyna bekannt war, sowie die persönlichen Fragen, die jedes Kapitel durchziehen und dem Leser erlauben, in die Tiefe zu gehen, machen dieses Buch zu einem einmaligen Führer für den, der die Barmherzigkeit Gottes kennen lernen oder vertiefen will.

Hélène Dumont, 160 Seiten, 11,5x17 cm € 10.- CHF 16.-

Heilung und Befreiung durch Fàsten

Zur gleichen Zeit wie die Medizin das Fasten als eine der besten natürlichen Therapien anbietet, lädt uns auch die heilige Jungfrau Maria zum Fasten ein, dies jedoch im Hinblick auf Früchte, die in anderer Weise von Dauer sind. Sie offenbart uns die außerordentliche, in der Kirche so vergessene Macht des Fastens.
Wie können unsere gegenwärtigen Schwierigkeiten weitgehend beseitigt werden? Wie können die Mächte der Finsternis besiegt werden, die unseren Herzensfrieden und die Eintracht in unseren Familien so oft stören? Wie sichern wir uns im Krank-heitsfall alle Heilungschancen?
Dieses ungewöhnliche, mit köstlichen Anekdoten durchsetzte kleine Werk lässt uns die völlig unbekannten Seiten des Fastens entdecken!

Schwester Emmanuel, 64 Seiten, 11,5x17 cm € 3.- CHF 4.80

Rosenkranz der Befreiung

Wenn wir den Rosenkranz der Befreiung beten und dabei in unserem Herzen zutiefst auf die Liebe Jesus zu uns vertrauen, wirkt er wie geistliches Dynamit... Das ist aktiver Glaube! Und der Glaube kann alle Berge (Schwierigkeiten) versetzen.
In diesem Buch finden Sie zahlreiche Zeugnisse, die das machtvolle Handeln der Gnade Gottes deutlich machen und über «Wunder» berichten, die durch das innige Beten dieses Rosenkranzes erlangt wurden.

Regis und Maïsa Castro, 224 Seiten, 13x20 cm € 14.- CHF 23.-

Das verborgene Kind von Medjugorje

«Auch ich gehe jeden Tag im Gebet zur Wallfahrt dorthin [nach Medjugorje].» Johannes Paul II.

«Bücher sind wie Muscheln. Auf den ersten Blick gleichen sie einander alle. Manche haben aber einen derart reichhaltigen Inhalt, dass sie eine seltene Perle bergen.
Das Buch von Sr. Emmanuel gehört zu dieser Art von Büchern: es bietet die schönsten Perlen und bereichert so den Leser. Durch diese Berichte und Anekdoten hat der Leser das Glück, Menschen von großem Wert und lehrreiche Begebenheiten zu entdecken. Dieses Buch kann ihm helfen, die tiefe Dimension eines Weges kennen zu lernen, der noch zu wenig bekannt ist: der Weg der Königin des Friedens.» *Pater Jozo Zovko, ehemaliger Pfarrer von Medjugorje*

von Sr. Emmanuel, 464 Seiten, 14,5x22 cm € 22.- CHF 36.-

Medjugorje: die 90er Jahre

Der Triumph des Herzens!

Schwester Emmanuel führt uns hier in das Leben der Dorfbewohner, der Seher und der Pilger ein, die an diesem Ort zu Tausenden tiefgreifende Bekehrungen ihrer Herzen und manchmal sogar körperliche Heilungen erleben.

Von Sr. Emmanuel, 460 Seiten € 22.- CHF 36.-

365 Tage mit Maria

Jeden Tag eine Botschaft von der Jungfrau Maria in Medjugorje

Jeden Tag einen kurzen Rat entnommen der Botschaften Marias. Ein ganzes Jahr mit der Mutter Gottes!

Von R. Lejeune, 20. Tausend, 128 Seiten € 7.- CHF 10.-

Worte des Friedens

Die Botschaften Mariens in Medjugorje

Das vorliegende Buch bietet die gesamten, von Cyrille Auboyneau hervorragend eingeleiteten Worte der Gottesmutter in Medjugorje seit Beginn der Erscheinungen im Jahre 1981 bis 2004.

304 Seiten, 14,5x22 cm € 17.- CHF 26.-

Das Sakrament der Versöhnung

Warum und wie soll nun diese persönliche Versöhnung gelebt werden? Möchten wir doch bei der Lektüre dieses Buches wieder das Verlangen verspüren, zur Beichte zu gehen. Um diese Begegnung mit der göttlichen Liebe nicht zu verfehlen, gibt uns Pater Marin sehr praktische Ratschläge.

Pater J. Marin, 224 S., 13x20 cm € 14.- CHF 21.-

Lieben heißt vergeben

Die christliche Ehe - gottverbunden, lebensnah, dauerhaft

Dieses Buch ist vor allem für Eheleute bestimmt, aber darüber hinaus kann es jedem helfen, der sich im Namen seines Glaubens irgendwo einsetzt.

Es ist die Frucht von jahrelangem Zuhören und Ratgeben an Hunderten von Paaren. So heikle Fragen wie Scheidung, Wiederverheiratung Geschiedener oder Abtreibung werden voller Mitgefühl und Erbarmen zur Sprache gebracht. Dieses Buch enthält etwa hundert Zeugnisse von Ehepaaren.

Von Pater J. Marin, 384 Seiten, 14x22 cm € 20.- CHF 30.-

Es wagen, die Liebe zu leben

In klaren und allgemeinverständlichen Worten spricht die Autorin zu uns von der Schönheit, Größe und Einzigartigkeit der christlichen Ehe. Wirklich wunderbere Seiten über die Ehe!

Georgette Blaquière, 208 Seiten, 13x20 cm € 10.- CHF 15.-

Der Leib - Tempel der Schönheit

Jo Croissant ist die Ehefrau von Bruder Ephraïm, dem Gründer der «Gemeinschaft der Seligpreisungen».

Die Autorin lädt uns zu einem echten Weg der inneren Heilung ein: in den Tempel eintreten, in die Innerlichkeit eintreten, bedeutet in die Gegenwart des dreimal heiligen Gottes einzutreten. Unter dem Blick des Vaters und durch sein Wort werden wir unsere wirkliche Identität als Söhne und Töchter Gottes entdecken.

von Jo Croissant, 240 Seiten, 14,5x22 cm € 15.- CHF 22.-

PARVIS-VERLAG
Route de l'Eglise 71
CH-1648 Hauteville / Schweiz

www.parvis.ch
buchhandlung@parvis.ch
Tel 0041 (0) 26 915 93 93
Fax 0041 (0)26 915 93 99